Für meine Kinder

Für meine Kinder

Spirituelle Unterweisungen von
Sri Mata Amritanandamayi

Mata Amritanandamayi Center, San Ramon
Kalifornien, Vereinigte Staaten

Für meine Kinder
Spirituelle Unterweisungen von
Sri Mata Amritanandamayi

Herausgegeben von:
  Mata Amritanandamayi Center, P.O. Box 613
  San Ramon, CA 94583
  Vereinigte Staaten

————— *For my Children (German)* —————

Erstausgabe vom MA Center: September 2016

In Deutschland: www.amma.de

In der Schweiz: www.amma-schweiz.ch

In Indien:
  inform@amritapuri.org
  www.amritapuri.org

Inhalt

Einführung

Der Wesenskern Indiens besteht darin, eine Kultur der Selbstverwirklichung entwickelt zu haben - die Erhebung des Bewusstseins von der gewöhnlichen menschlichen Ebene zu den Gipfeln des Göttlichen. Während sich Indien für materielle Bequemlichkeit und Vergnügungen zum Westen wendet, sucht dieser - enttäuscht vom trügerischen Schein des Materialismus - bei den Philosophien der Ewigkeit des Ostens Zuflucht und Führung. Von alters her bis zum heutigen Tag hat sich in Indien eine ununterbrochene Reihe von gottverwirklichten Seelen mit dem Ziel inkarniert, geistige Sucher zur Wahrheit zu führen.

Es überrascht nicht, dass eine gewisse Anzahl selbstsüchtiger Menschen den westlichen Durst nach geistiger Führung missbraucht hat, indem sie sich den Anschein erleuchteter Meister gaben. Das verursachte in der Welt viel Leid, und es entstand eine panische Angst vor "Gurus". Wir sollten jedoch nicht wegen einiger Scharlatane den Glauben verlieren, dass es wahre Meister gibt. Hören wir etwa auf, nach einem angesehenen Arzt zu suchen, der uns von unserer Krankheit heilen kann, weil es auch Quacksalber gibt?

Es erhebt sich vielleicht die Frage, warum man überhaupt eine spirituelle Führung braucht. "Ist es nicht möglich, meinen eigenen geistigen Weg zu gehen, nachdem ich einige Bücher gelesen habe?"

Will jemand Arzt werden, so muss er unter der Anleitung von gelehrten Professoren studieren. Selbst nach Abschluss der Universitäts-ausbildung macht man noch ein Praktikum im Krankenhaus unter der Leitung praktizierender Ärzte. Es nimmt viele Jahre in Anspruch, den Wunschtraum Arzt zu werden, zu verwirklichen. Was lässt sich dann bei dem Vorhaben, die höchste Wahrheit zu verwirklichen, sagen? Wenn wir geistige

Weisheit erlangen möchten, müssen wir zuerst
nach wahren spirituellen Meistern suchen, die
diese Wahrheit studiert, erprobt und erfahren
haben.

Was unterscheidet einen wahren Lehrer
von einem Betrüger? In Gegenwart eines
erleuchteten Wesens fühlt man eine spür-
bare Aura der Liebe und des Friedens. Wir
können beobachten, dass jemand, der im
Göttlichen aufgegangen ist, alle Menschen
gleich behandelt, ohne Rücksicht auf Namen,
Besitz, Religion oder Rasse. Jedes Wort und
jede Handlung eines wahren Meisters wird der
geistigen Entwicklung der Menschen dienen.
Es findet sich keine Spur von Ego oder Eigeninteresse; vielmehr werden seine Arme ständig
ausgebreitet sein, um jeden, der kommt, zu
empfangen und allen zu dienen.

Ein ideales Beispiel eines solchen Meisters
findet man in Mata Amritanandamayi (Mutter
der unsterblichen Glückseligkeit), die auf der

ganzen Welt als die Verkörperung der Mutter des Universums verehrt wird. Dieses Buch enthält eine Auswahl ihrer spirituellen Lehren, sowie Antworten auf oft gestellte Fragen. Ammas Worte reflektieren die Einfachheit eines Mädchens vom Lande und die Tiefe göttlicher Erfahrung. Ihre Empfehlungen haben einen universellen Wert, und wir können sie in unserem Alltagsleben in die Praxis umsetzen, ganz gleich, ob wir ernsthafte geistige Sucher, Laien oder Skeptiker sind.

Ammas Unterweisungen fordern uns vor allem zum Nachdenken auf. Es handelt sich nicht um blumige Worte für Geist und Intellekt. Im Gegenteil, man muss seinen eigenen Verstand einsetzen und über diese Worte nachsinnen, um ihren vollen, tieferen Sinn zu erfassen. Manchmal mag es den Anschein haben, dass eine Aussage unvollständig sei oder nicht ausreichend ausgeführt. Als Amma um weitere Erklärungen gebeten wurde, erwiderte sie: "Lasst sie darüber nachdenken". Das heißt, die von ihr dargelegten Prinzipien bedürfen des Nachdenkens und nicht übermäßiger Erklärungen.

Wer ernsthaft die Gottverwirklichung anstrebt und sich aufrichtig und demütig dem Studium und der Anwendung dieser Unterweisungen widmet, kann mit Sicherheit das Ziel erreichen. Öffnet dieses Buch an beliebiger Stelle und seht, ob Ammas Worte nicht zu euch sprechen.

Eine Kurzdarstellung
von Ammas Leben

"Von Geburt an verspürte ich eine innige Liebe zum heiligen Namen Gottes. Ich wiederholte den Namen des Herrn ununterbrochen bei jedem Atemzug. Das bewirkte unabhängig vom jeweiligen Aufenthaltsort oder der Arbeit, die ich gerade verrichtete, einen steten Fluss göttlicher Gedanken durch meinen Geist. In dieser Weise unentwegt mit Liebe und Hingabe an Gott zu denken, wäre für jeden spirituellen Aspiranten eine große Hilfe, um die Gottverwirklichung zu erreichen."

Amma wurde am 27. September 1953 in einem entlegenen Dorf an der Südwestküste Indiens geboren. Ihre Eltern gaben ihr den Namen Sudhamani (reines Juwel). Schon bei der Geburt trug sie Zeichen ihrer göttlichen Herkunft. Da sie mit einer ungewöhnlichen dunkelblauen Hautfarbe geboren wurde, rieten die Ärzte den Eltern, sie monatelang nicht zu waschen und hofften, das Baby dadurch von dieser geheimnisvollen "Krankheit" zu heilen. Kaum sechs Monate alt, begann Sudhamani, ihre Muttersprache Malayalam zu sprechen und zur gleichen Zeit fing sie auch an zu laufen, ohne je auf allen Vieren gekrabbelt zu sein.

Ab dem fünften Lebensjahr begann sie, zahlreiche Lieder zu verfassen, die Sri Krishna geweiht und voller Liebe und sehnsüchtigem Verlangen nach ihrem verehrten Krishna waren. Die Verse sind zwar von der Einfachheit kindlicher Unschuld geprägt, aber trotzdem von mystischer und philosophischer Tiefe durchdrungen. Diese Lieder und ihre schöne Stimme machten sie im Dorf sehr bekannt. Im neunten Lebensjahr musste sie die Schule verlassen, weil ihre Mutter krank wurde und die Hausarbeit nicht mehr erledigen konnte.

Sie stand vor dem Morgengrauen auf und arbeitete bis elf Uhr nachts - kochte für die ganze Familie, erledigte alle Hausarbeiten, wusch alle Wäsche, versorgte die Kühe und hielt Haus und Vorhof sauber und ordentlich usw. Trotz des langen Arbeitstages verbrachte sie jeden freien Augenblick mit aus tiefsten Herzen strömendem Gebet und Gesang für Krishna.

Schon bald stellten sich viele göttliche Visionen ein, und als sie siebzehn war, vertiefte sich dieser Zustand zu dauerhafter Vereinigung mit dem Göttlichen. Sie erlebte die Welt als die Manifestation des alles-durchdringenden Einen. Schon allein das Hören des göttlichen Namens versetzte ihren Geist in einen Zustand tiefer Versenkung.

Zu dieser Zeit verspürte sie den starken Wunsch, die Göttliche Mutter zu verwirklichen. Um dies zu erreichen, unterwarf sie sich einer strengen Askese und verzichtete auf Essen und Obdach. Diese Zeit intensiver Entsagung gipfelte in der Erscheinung der göttlichen Mutter (Devi) vor ihr. Licht und Ausstrahlung Devis gingen in sie ein und sie verschmolz damit. In Sudhamanis Gesicht leuchte die göttliche Herrlichkeit. Sie verspürte keine Neigung, mit anderen Leuten zu verkehren und verbrachte die meiste Zeit in Einsamkeit, in der sie die Seligkeit der Gottverwirklichung genoss.

Eines Tages jedoch hörte sie eine innere Stimme sagen: "Du wurdest nicht geboren, um Seligkeit und Frieden nur für dich alleine zu genießen, sondern um der leidenden Menschheit Linderung und Trost zu bringen. Verwende deine göttlichen Gaben, um den Menschen zu helfen. Das ist wahrer Gottesdienst für mich, die ich im Herzen aller Lebewesen als deren Wesenskern gegenwärtig bin."

Von diesem Tag an widmete Sudhamani, die nun ehrerbietig 'Amma' (Mutter) genannt wurde, ihr Leben dem Wohl der Menschheit. Täglich kommen Tausende von Menschen aus aller Welt, um ihre Liebe, Führung und ihren Segen zu erhalten oder einfach ihre Gegenwart zu erfahren. Amma hat ein umfangreiches Netzwerk in folgenden Bereichen geschaffen: Wohlfahrt, Spiritualität, Erziehungswesen. Dazu gehören Krankenhäuser für die Armen, Waisenhäuser, 25.000 Häuser für Obdachlose, ein Altersheim, eine Rentenkasse für 50.000 Frauen, die zu den Ärmsten der Armen gehören, kostenlose Mahlzeiten und der Bau von Tempeln in ganz Indien. Diese konkreten Zeichen von Ammas Mitgefühl nehmen ständig innerhalb kurzer Zeit an Zahl und Umfang zu.

Amma hört allen, die zu ihr kommen und ihre Probleme mitteilen, geduldig zu. Sie tröstet sie, wie es nur eine liebende Mutter vermag und lindert darüber hinau ihr Leid. Sie sagt dazu: "Die Menschen kommen aus verschiedenen Beweggründen zu mir, einige aus Hingabe, andere wünschen die Lösung ihrer weltlichen Probleme oder Linderung ihrer Krankheiten usw. Ich schicke keinen weg. Kann ich sie abweisen? Sind sie von mir verschieden? Sind wir nicht alle Perlen, die am gleichen Lebensfaden aufgereiht sind? Jeder betrachtet mich vom Blickpunkt des jeweiligen Entwicklungsniveaus aus. Ich mache keinen Unterschied zwischen Menschen, die mich lieben und denen, die mich hassen."

Über Amma

1

Kinder, die Mutter, die euch geboren hat, sorgt vielleicht für euch in den Belangen dieses Lebens. Heutzutage ist sogar das selten. Ammas Ziel ist es jedoch, euch auf solche Weise zu führen, dass ihr in all euren zukünftigen Leben Glückseligkeit genießen könnt.

2

Wenn der Eiter aus einer Wunde heraus gedrückt wird, schmerzt es, aber wird ein Arzt, der seine Aufgabe ernst nimmt, es unterlassen, nur weil es schmerzhaft ist? Desgleichen werdet ihr Schmerz fühlen, wenn eure Vasanas (angeborene Neigungen aus der Vergangenheit) zerstört werden. Es geschieht zu eurem Wohl. Ebenso wie der Schädlingsbefall beseitigt wird, der das Gedeihen von

Pflanzen verhindert, so entfernt Amma die unguten Vasanas in euch.

3

Es mag euch leicht fallen, Amma zu lieben, aber das genügt nicht. Versucht, sie in jedem zu sehen. O meine Kinder, denkt nicht, dass Amma auf diesen Körper allein beschränkt ist.

4

Echte Liebe für Amma bedeutet, alle Wesen in der Welt gleichermaßen zu lieben.

5

Die Zuneigung derer, die Amma nur dann lieben, wenn sie ihnen Liebe zeigt, ist keine wahre Liebe. Nur wer fähig ist, sich auch nach Tadel von ihr an ihre Füße zu klammern, liebt Amma wirklich.

6

Wer in diesem Ashram lebt und von jeder einzelnen Handlung Ammas lernt, kann Befreiung erlangen. Denken wir tief über ihre Handlungen und Worte nach, erübrigt sich jegliches Studium der Schriften.

7

Der Geist braucht einen Halt. Das ist ohne Vertrauen nicht möglich. Wenn ein Same gesät wird, hängt sein Wachstum nach oben von den Wurzeln ab, die tief ins Erdreich hineinwachsen. Ohne (Gott)Vertrauen ist spirituelles Wachstum nicht möglich.

8

Wohin ihr auch geht, es ist notwendig, dass ihr entweder still euer Mantra rezitiert oder meditiert. Falls euch dies nicht möglich ist, solltet ihr spirituelle Bücher lesen. Vergeudet keine Zeit. Selbst den Verlust von 10 Millionen

Rupien bedauert Amma nicht, aber wenn ihr einen einzigen Augenblick verschwendet, ist sie wirklich besorgt. Geld kann man wiederbekommen, verlorene Zeit jedoch nicht. Kinder, behaltet den Wert der Zeit stets im Sinn.

9

Kinder, Amma sagt nicht, dass ihr an sie oder an einen Gott im Himmel glauben sollt. Es genügt, wenn ihr an euch selbst glaubt. Alles ist in euch selbst.

10

Wenn ihr Amma wirklich liebt, so verrichtet Sadhana (spirituelle Praxis) und erkennt euch selbst. Mutter liebt euch, ohne irgendetwas von euch zu erwarten. Amma würde es genügen, wenn sie ihre Kinder in ständigem Frieden sehen könnte, ungeachtet dessen, ob es Tag oder Nacht ist.

11

Nur wenn ihr selbstlose Liebe sogar einer Ameise gegenüber empfindet, kann Amma davon ausgehen, dass ihr sie wirklich liebt. Was sonst noch als Liebe bezeichnet wird, ist für sie keine. Liebe, die aus Selbstsucht entsteht, erzeugt in Amma ein Gefühl des Brennens.

12

Ammas Verhalten verändert sich euren Gedanken und Taten entsprechend. Die grimmige Erscheinungsform des Herrn als Narasimha (der halb Mensch, halb Löwe war), der brüllend auf den Dämonenkönig Hiranyakasipu sprang, wurde in der Gegenwart seines Verehrers Prahlada friedlich. Gemäß der unterschiedlichen Handlungsweise von Hiranyakasipu und Narasimha, nahm Gott, der rein und jenseits aller Eigenschaften ist, zwei verschiedene Haltungen an. Desgleichen verändert sich auch Ammas Verhalten entsprechend der Einstellung ihrer Kinder. Amma, die ihr als Verkörperung der Liebe (Snehamayi) betrachtet, verwandelt sich manchmal in die Verkörperung der Strenge (Kruramayi)! Das geschieht, um die Fehler im Verhalten meiner Kinder zu korrigieren. Dahinter steht ausschließlich die Absicht, sie zum Guten zu führen.

Der spirituelle Meister

13

Warum sollten wir noch all die anderen Geschäfte in der Stadt aufsuchen, wenn wir einmal ein bestimmtes Geschäft kennen, in dem wir alles Notwendige kaufen können? Es bringt nichts und ist sinnlose Zeitverschwendung. Desgleichen sollten wir aufhören herumzuwandern, sobald wir einen Guru gefunden haben, sondern unser Sadhana praktizieren und uns bemühen, das Ziel zu erreichen.

14

Ein Guru ist für einen Sadhak (spiritueller Schüler) unerlässlich. Wenn ein Kind auf den Rand eines Teiches zugeht, wird die Mutter es auf die Gefahr aufmerksam machen und das Kind wegführen. Ebenso erteilt der Guru, falls nötig, geeignete Anweisungen. Seine

Aufmerksamkeit wird immer auf den Schüler gerichtet sein.

15

Trotz Gottes Allgegenwart ist die Anwesenheit eines Gurus etwas Einzigartiges. Obwohl der Wind überall weht, erfreuen wir uns besonderer Kühle im Schatten eines Baumes. Bringt die Brise, die durch das Laub eines Baumes bläst, nicht denen Linderung, die in der stechenden Sonne reisen? Genauso brauchen wir, die in der brennenden Hitze des weltlichen Daseins leben, einen Guru. Die Gegenwart des Gurus wird uns Frieden und Harmonie geben.

16

Kinder, egal wie lange Exkremente der Sonne ausgesetzt sind, ihr Gestank vergeht erst, wenn der Wind darüber bläst. In ähnlicher Weise werden auch unsere Vasanas nicht zerstört, ganz gleich wie lange wir meditiert haben, wenn wir nicht mit dem Guru leben. Die Gnade des Gurus ist unerlässlich. Er wird sie jedoch nur einem unschuldigen Geist zukommen lassen.

17

Für spirituellen Fortschritt ist es notwendig, sich dem Guru völlig hinzugeben. Wenn ein Kind das Alphabet lernt, hält der Lehrer seinen Finger und lässt es in den Sand kritzeln. Die Finger werden vom Lehrer geführt. Könnte das Kind lernen, wenn es stolz dächte: "Ich weiß alles" und dem Lehrer nicht folgen würde?

18

Die Erfahrungen, die jeder im Leben durchläuft, sind in der Tat ein Guru für uns. Kinder, Kummer ist der Guru, der euch Gott näher bringt.

19

Dem Guru gegenüber sollte man ehrfurchtsvolle Hingabe (Bhaya Bhakti) verbunden
mit engem Zugehörigkeitsgefühl empfinden.
Die Beziehung entspricht idealerweise dem
Mutter-Kind-Verhältnis. Wie oft es auch von
seiner Mutter geschlagen und weggeschoben
wird, ein Kind wird sich immer an seine Mutter klammern. Obwohl uns ehrfurchtsvolle
Hingabe (Bhaya Bhakti) helfen wird, geistig
fortzuschreiten, ziehen wir optimalen Nutzen
nur aus einer engen Beziehung zum Guru.

20

Kinder, eure Vasanas (Neigungen) werden
nicht einfach durch Liebe zum Guru vernichtet. Man benötigt Hingabe und Glauben, die
auf den wesentlichen Prinzipien der Spiritualität beruhen. Körper, Gemüt und Intellekt
müssen hingegeben werden. Dann können die
Vasanas durch Kultivierung von Vertrauen

und Gehorsam gegenüber dem Guru vernichtet werden.

21

Ein Same muss im Schatten eines Baumes gesät werden, damit er aufgehen kann. Wenn er zum Setzling herangewachsen ist, sollte er verpflanzt werden. Andernfalls wird er nicht richtig gedeihen. Ebenso ist es für einen Aspiranten notwendig, einige Zeit mit seinem Guru leben - mindestens zwei oder drei Jahre. Anschließend ist es im Hinblick auf das spirituelle Wachstum am besten, die geistigen Übungen an einem einsamen Ort fortzusetzen.

22

Ein wahrer Meister hat nichts anderes als das geistige Wachstum des Jüngers im Auge. Tests und Prüfungen erfolgen für den Fortschritt und helfen, seine (ihre) Schwächen zu beseitigen. Es kann sogar vorkommen, dass der Guru Fehler vorwirft, die der Betreffende gar nicht begangen hat. Nur diejenigen, die solchen Prüfungen standhalten, können weiter kommen.

23

Das Erkennen des wahren Gurus erfolgt nur über Erfahrung.

24

Ohne optimale Ernährung und Umgebung kann ein künstlich ausgebrütetes Küken nicht überleben, während ein auf dem Lande aufgezogenes Huhn mit jeder Nahrung und mit allen Gegebenheiten leben kann. Kinder, der Sadhak, der mit seinem Guru lebt, ist wie ein auf dem Land aufgezogenes Huhn. Er verfügt über die Kraft, mit jeder Situation fertig zu werden. Nichts kann ihn unterkriegen. Ein Sadhak, der mit seinem Guru gelebt hat,

wird immer aus der Kraft schöpfen können,
die er durch die enge Gemeinschaft mit ihm
erworben hat.

25

Es kann vorkommen, dass ein Jünger sich
seinem Guru gegenüber besitzergreifend
verhält. Eine solche Einstellung ist nicht so
leicht zu beseitigen. Möglicherweise besteht
der Wunsch, so viel Liebe wie möglich von
ihm zu bekommen. Wird dieses Bedürfnis
nicht befriedigt, beschimpft so mancher den
Guru und wendet sich von ihm ab. Um die
Liebe des Gurus zu erhalten, ist selbstloses
Dienen erforderlich.

26

Gottes Zorn kann besänftigt werden, aber
nicht einmal Gott vergibt die Sünde, dem
Guru Verachtung entgegen zu bringen.

27

Gott und Guru existieren in jedem von uns, aber am Anfang bedürfen wir des äußeren Gurus. Wenn man eine bestimmte Stufe erreicht hat, kann man für alle Dinge die wesentlichen Prinzipien ableiten und sich weiter entwickeln. Bis sich ein Kind seines Zieles bewusst wird, lernt es seine Lektionen aus Furcht vor seinen Eltern und Lehrern. Sobald es ein Ziel vor Augen hat, wird es aus eigenem Antrieb lernen und dafür Schlaf und Vergnügungen, wie zum Beispiel Kinobesuche, opfern. Die Angst und Ehrfurcht den Eltern gegenüber, die es bislang gehegt hatte, waren keine Schwäche. Kinder, wenn man beginnt, ein Zielbewusstsein zu entwickeln, wird auch der Aspekt des inneren Gurus erwachen.

28

Selbst wenn jemand mit einem Guru in Kontakt kommt, wird er nur dann als Jünger

angenommen, wenn er dafür geeignet ist.
Ohne die Gnade des Gurus kann man ihn
nicht erkennen. Ein echter Wahrheitssucher
ist demütig und schlicht. Nur ein bescheidener
und einfacher Mensch erhält die Gnade des
Gurus. Wer voller Ego ist, hat keinen Zugang
zu ihm.

29

Kinder, man kann sagen, dass "ich" und
"Gott" ein und dasselbe sind, aber ein Jünger
wird nie sagen, "ich und der Guru sind eins".
Der Guru ist derjenige, der in euch das göttliche "Ich" erweckt hat. Diese Größe bleibt
immer bestehen. Entsprechend sollte sich der
Jünger verhalten.

30

Wie die Henne ihre eben geschlüpften Küken
unter ihren Flügeln schützt, so sorgt der
wahre Guru vollkommen für diejenigen, die

seinen Anweisungen folgen. Er wird selbst auf dumme Fehler aufmerksam machen und sie auf der Stelle korrigieren. Er duldet keinerlei Egozuwachs. Der Guru handelt manchmal auf scheinbar grausame Weise, um den Stolz in seinem Schüler auszumerzen.

31

Leute, die zuschauen, wie der Schmied ein heißes Stück Eisen mit seinem Hammer bearbeitet, halten ihn vielleicht für einen grausamen Mensch. Das Eisen denkt möglicherweise ebenfalls, dass man nirgends einen größeren Rohling finden könne. Der Schmied denkt jedoch bei jedem Schlag nur an die neu entstehende Form. Kinder, der wahre Guru verhält sich genauso.

Gott

32

Viele Leute fragen: "Gibt es einen Gott?
Wenn dem so ist, wo?" Stellt ihnen die Frage,
ob das Huhn zuerst da war oder das Ei, oder
ob die Kokosnuss zuerst entstanden ist oder
die Kokospalme. Wer kann solche Fragen
beantworten? Jenseits von Kokosnuss und
Kokospalme gibt es eine Kraft, die als die
Grundlage von beiden wirkt, eine Kraft, die
jenseits aller Worte liegt. Das ist Gott. Kinder,
das Eine, in dem alles seinen Ursprung hat,
wird Gott genannt.

33

Kinder, zu behaupten, es gäbe keinen Gott,
lässt sich damit vergleichen, mit der eigenen
Zunge zu erklären: "Ich habe keine Zunge".
Wie der Baum im Samen enthalten ist und
Butter in der Milch, so weilt Gott in allem.

34

Obgleich ein Baum als Anlage bereits im Samen vorhanden ist, muss er zuerst demütig unter die Erde gehen, um zu keimen. Wenn aus einem Ei ein Küken schlüpfen soll, ist es erforderlich, dass die Henne darauf brütet. Dieses Maß an Geduld ist unerlässlich. Butter erhält man erst, nachdem sich die Milch gesetzt hat, geronnen ist und anschließend gerührt wurde. Obwohl Gott in allen Dingen weilt, sind Bemühung und voller Einsatz notwendig, um Ihn zu verwirklichen.

35

Ego und Selbstsucht verhindern den Anblick Gottes. Nähert sich Gott uns dank aufrichtiger Gebete um einen Meter, so entfernt er sich wieder um tausend, wenn wir selbstsüchtig sind. Ein Augenblick genügt, um in einen Brunnen zu springen, aber es ist schwierig, wieder herauszukommen. Desgleichen ist

Gottes Gnade schwer zu erlangen, aber ein einziger Augenblick genügt, um sie wieder zu verlieren.

36

Kinder, selbst wenn man viele Leben lang Askese übt, kann man Gottverwirklichung ohne Sehnsucht und reine Liebe zu Ihm nicht erlangen.

37

Eine Frau ist für ihren Bruder die Schwester. Ihr Ehemann betrachtet sie als seine Gattin und ihr Vater sieht in ihr seine Tochter. Ganz gleich aus welchem Blickwinkel man sie betrachtet, sie bleibt ein und dieselbe. Ebenso gibt es auch nur einen Gott. Jeder Mensch sieht Gott seiner Einstellung entsprechend auf eine andere Weise.

38

Gott kann jede Gestalt annehmen. Auch wenn verschiedene Figuren, wie zum Beispiel Elephanten oder Pferde, aus Ton hergestellt werden, ändert sich die Natur des Tons nicht. Alle diese Formen sind im Ton enthalten, der selbst keine bestimmte Form aufweist. Auf ähnliche Weise kann aus Holz jede beliebige Form geschnitzt werden. Wir können die Figuren benennen oder in ihnen allen lediglich die Grundsubstanz Holz wahrnehmen. In vergleichbarer Weise ist auch das Göttliche eigenschaftslos und überall gegenwärtig und offenbart sich jedoch gemäß unseren Vorstellungen davon (z.B. als männliche oder weibliche Gottheit).

39

Kinder, Gott kann jede beliebige Form annehmen und auch wieder zu Seiner ursprünglichen Natur zurückkehren, genauso wie

Wasser zu Eis wird und, wenn es schmilzt, wiederum zu Wasser.

40

Durch Errichtung eines Staudamms kann das in verschiedene Richtungen fließende Wasser gestaut werden. Aus der Energie des dadurch erzeugten Wassergefälles kann Strom gewonnen werden. In ähnlicher Art und Weise kann der Geist, der gewöhnlich zwischen verschiedenen Sinnesobjekten hin- und herwandert, geschult werden, sich zu konzentrieren. Durch die gewonnene Konzentrationskraft kann die Vision Gottes erlangt werden.

41

Kinder, wenn wir einmal bei Gott Zuflucht genommen haben, gibt es nichts mehr zu fürchten. Gott wird für alles sorgen. Kinder haben ein Spiel, das "Katz' und Maus" genannt wird. Ein Kind ist die Katze und jagt die anderen. Während die "Katze" versucht, die anderen zu fangen, laufen die anderen davon, um ihr zu entkommen. Wenn die Kinder einen bestimmten Baum berühren, darf die "Katze" ihnen nichts mehr tun. Ebenso kann uns niemand mehr schaden, wenn wir an Gott festhalten.

42

Wenn jemand das gemalte Portrait seines Vaters sieht, denkt er nicht an den Künstler oder an die Farben, sondern er erinnert sich nur an seinen Vater. In ähnlicher Weise sieht der Gläubige in Heiligenbildern das Göttliche - den Vater oder die Mutter des Universums. Atheisten vertreten möglicherweise die Ansicht, dem Bildhauer gebühre die Verehrung und nicht dem Bildnis. Der Ursache für eine solche Denkweise beruht darauf, dass sie keine geeignete Vorstellung von Gott und dem Prinzip haben, das hinter dem Bildnis steht.

43

Es ist sinnlos, Gott die Ungerechtigkeit und Schwierigkeiten in der Welt vorzuwerfen. Gott hat uns den richtigen Weg gewiesen. Er ist nicht verantwortlich für das Leid, das wir verursachen, wenn wir diesem Weg nicht folgen. Eine Mutter wird ihrem Kind bei-bringen, nicht ans Teichufer zu gehen oder Feuer zu berühren. Wenn das Kind den Rat seiner Mutter nicht befolgt und in den Teich fällt oder sich die Hand verbrennt, ist es dann angemessen, die Mutter dafür zu tadeln?

44

Diejenigen, die sagen "Gott wird alles tun" und untätig herumsitzen, sind Faulpelze. Der Verstand ist uns von Gott gegeben, damit wir bei jeder Handlung unser Unterscheidungs-vermögen anwenden. Wenn wir die Ansicht vertreten, dass Gott für alles sorgen wird, was nützt uns dann unser Verstand?

45

Manche führen vielleicht folgendes Argument an: "Wenn alles nach Gottes Willen geschieht, ist nicht Gott derjenige, der uns Fehler begehen lässt?" Eine solche Aussage ist sinnlos. Die Verantwortung für Handlungen, die mit der Haltung "Ich tue es" getan werden, liegt beim Ausführenden allein, nicht bei Gott. Wenn wir wirklich glauben, dass Gott uns ein Verbrechen begehen ließ, dann sollten wir auch die Strafe, die der Richter über uns verhängt, als gottgegeben annehmen. Sind wir dazu in der Lage?

46

Kinder, Gottverwirklichung und Selbstverwirklichung sind ein und dasselbe. Die Fähigkeit, alle zu lieben, Toleranz, Gleichmut und Bewusstseinsweite - das bedeutet Gottverwirklichung.

47

Selbst wenn uns alle Wesen auf der ganzen
Welt lieben, können sie uns nicht einen winzigen Bruchteil der Seligkeit geben, die wir in
einem Augenblick erfahren, in dem Gott uns
seine Liebe schenkt. So groß ist die Seligkeit,
die wir durch Gottes Liebe erhalten, dass
nichts damit vergleichbar ist.

48

Kann man, nur weil man Gott nicht sehen
kann, behaupten, dass es keinen Gott gibt?
Viele Menschen haben ihren Großvater nie
gesehen. Sagen die deshalb, ihr Vater hätte
keinen Vater gehabt?

49

Als Kinder stellen wir unzählige von Fragen
und lernen sehr viel von unserer Mutter. Wenn
wir etwas älter werden, erzählen wir unsere
Probleme unseren Freunden. Als Erwachsene

vertrauen wir unsere Leiden dem Ehepartner an. Dies beruht auf einer Neigung (Samskara), die wir entwickelt haben. Wir sollten das ändern und unseren Kummer nur Gott anvertrauen. Für unser Wachstum brauchen wir einen Gefährten - nur wenn wir jemandem unser Herz ausschütten können, fühlen wir uns erleichtert. Macht Gott zu diesem Gefährten und Vertrauten.

50

Der Freund von heute kann unser Feind von morgen sein. Der einzige Freund, dem wir voll vertrauen und bei dem wir Zuflucht suchen können, ist Gott.

51

Hat Gott irgendeinen Vorteil von unserem Glauben? Benötigt die Sonne das Licht einer Kerze? Es ist der Gläubige allein, der Nutzen aus seinem Glauben zieht. Nehmen wir mit echtem Glauben am Gottesdienst teil und betrachten wir den brennenden Kampfer als Darbringung an Gott, so sind wir es, die dadurch Konzentration und Frieden gewinnen.

52

Die Anhänger verschiedener Religionen folgen diversen Bräuchen und haben verschiedene Orte für den Gottesdienst. Aber es handelt sich immer um ein und denselben Gott. Auch wenn Milch auf Malayalam "pal" und auf Hindi "dhud" genannt wird, verändern sich deshalb weder Eigenschaften, noch Farbe. Die Christen verehren Gott unter der Bezeichnung 'Christus' und die Mohammedaner nennen ihn 'Allah'. Selbst die Gestalt Krishnas wird in Kerala anders dargestellt als in Nordindien, wo er einem Turban trägt. Die Gottesvorstellung und -verehrung entspricht der jeweiligen Kultur und dem Geschmack des Betreffenden. Gemäß den Bedürfnissen des jeweiligen Zeitalters und in Einklang mit dem sich wandelnden Geschmack haben große Seelen den einen Gott in verschiedener Art und Weise dargestellt.

53

Um sich von der Identifizierung mit dem Körper auf das Niveau des höchsten Selbst zu erheben, sollte man die Verzweiflung eines Menschen fühlen, der in einem brennenden Haus gefangen ist oder im tiefen Wasser ertrinkt. Ein Mensch mit solchem Verlangen nach Gott wird nicht lange auf Seinen Anblick warten müssen.

54

Kinder, wenn wir den Schlüssel verloren haben, gehen wir zu einem Schmied, um das Schloss öffnen zu lassen. Um das Schloss der Zu- und Abneigungen zu öffnen, muss man

den Schlüssel suchen, der in Gottes Händen
liegt.

55

Gott ist die Grundlage von allem. Aus Gottvertrauen erblüht Liebe. Aus Liebe entsteht der
Sinn für rechtes Verhalten (Dharma), woraus
sich wiederum Gerechtigkeitsgefühl und Frieden ergeben. Mitgefühl mit den Leiden der
anderen sollten wir als ebenso dringlich empfinden wie Salbe auf unsere eigene verbrannte
Hand aufzutragen. Dies kann durch absolutes
Gottvertrauen erreicht werden.

Mahatmas – Grosse Seelen

56

'Derselbe Atman (Gott), der in allen Wesen vorhanden ist, wohnt auch in mir. Nichts ist von mir getrennt. Die Sorgen und Schwierigkeiten anderer sind meine eigenen.' Für einen Jnani (Weisen) ist dies Erkenntnis durch eigene Erfahrung.

57

Der Unterschied zwischen einer göttlichen Inkarnation und einer befreiten Einzelseele (Jivanmukta) lässt sich mit dem Unterschied zwischen jemandem mit angeborenem Gesangstalent und einem Menschen, der erst kürzlich Singen gelernt hat, vergleichen. Der erste kann ein Lied schon nach einmaligem Hören singen, während der andere längere Zeit dazu braucht.

58

Da alles ein Teil von Gott ist, kann man folglich jeden Menschen als eine Inkarnation Gottes bezeichnen. Jivas (individuelle Seelen) sind sich nicht bewusst, ein Teil von Gott zu sein, sie denken: "Ich bin der Körper. Das ist mein Haus, mein Eigentum…"

59

Göttliche Inkarnationen verfügen über ein Gefühl der Fülle, das andere nicht besitzen. Aufgrund ihrer Einheit mit der Natur, ist ihr Geist nicht das, was wir normalerweise darunter verstehen. Der Geist aller ist in ihnen inbegriffen. Eine göttliche Inkarnation ist "universeller Geist" und befindet sich jenseits der Gegensatzpaare (z.B. Reinheit und Unreinheit, Freude und Leid). Das Erscheinen Gottes in menschlicher Gestalt nennt man Avatar (göttliche Inkarnation).

60

Eine göttliche Inkarnation ist durch keinerlei Begrenzungen gebunden. Sie gleichen den Spitzen von Eisbergen im Ozean Brahmans. Gottes volle Macht kann nicht in einem menschlichen Körper von 1,50 m oder 1,80 m Größe begrenzt werden. Aber Gott kann nach Belieben durch diesen kleinen Körper wirken. Darin besteht die Besonderheit der göttlichen Inkarnationen.

61

Avatare sind eine große Hilfe dabei, die Menschen näher zu Gott zu bringen. Nur unseretwegen nimmt Gott eine Gestalt an. Avatare sind nicht der Körper, auch wenn es uns so erscheint.

62

Wo auch immer Mahatmas (große Seelen) sich befinden, werden die Menschen sich um sie scharen. Sie fühlen sich von den Mahatmas angezogen wie Staub von einem Wirbelwind. Ihr Atem und selbst die Brise, die über ihren Körper streicht, sind ein Segen für die Welt.

63

Kinder. Jesus wurde gekreuzigt und Sri Krishna wurde durch einen Pfeil getötet. All dies geschah in Einklang mit ihrem Willen. Niemand kann sich ihnen gegen ihren Willen nähern. Sie hätten beide ihre Gegner zu Asche verbrennen können, taten es jedoch nicht. Sie nahmen einen Körper an, um der Welt ein Beispiel zu geben. Sie kamen, um uns zu zeigen, was Opfer bedeutet.

64

Ein Sannyasin ist jemand, der auf alles verzichtet hat. Er wird die falschen Handlungen anderer mit Geduld ertragen, ihnen vergeben und sie mit Liebe auf dem richtigen Weg führen. Sannyasins geben ein Beispiel für Aufopferung. Sie befinden sich immer im Zustand der Seligkeit und sind von äußeren Dingen unabhängig. Sie genießen die Freude ihres eigenen Selbst.

65

Wer ein kleines Kind an der Hand führt, wird langsam und mit kleinen Schritten gehen, damit das Kind nicht stolpert und fällt. Möchte man gewöhnliche Menschen auf eine höhere Ebene führen, sollte man sich in vergleichbarer Weise zunächst auf ihr Niveau begeben. Ein geistig Suchender sollte nie stolz sein und denken: "Ich bin ein Sannyasin", sondern ein Vorbild für die Welt sein.

66

Sri Krishna spielte viele Rollen in seinem Leben: Er war Kuhhirte, König, Botschafter, Familienvater, und Wagenlenker. Er zog sich nicht zurück unter dem Argument: "Ich bin der König". Krishna lehrte gemäß den Neigungen (Samskaras) eines jeden. Er führte alle, mit denen er verkehrte. Nur solche große Seelen können die Welt lenken.

67

Manche legen die ockerfarbene Robe an und erklären stolz: "Ich bin ein Sannyasin." Sie sind wie wilde Knollengewächse. Die wilde und die gezüchtete Form gleichen sich in ihrem Aussehen, aber die gezüchtete Form zeigt beim Ausgraben keine Knollen. Ocker ist die Farbe des Feuers. Nur wer sein Körperbewusstsein verbrannt hat, ist würdig, Ocker zu tragen.

Die Schriften

68

Kinder, die Schriften beinhalten die Erfahrungen der Rishis (selbstverwirklichte Seher). Sie können nicht mit dem Verstand erfasst werden. Man kann sie nur durch eigene Erfahrung begreifen.

69

Es ist nicht notwendig, alle Schriften zu studieren. Sie sind so umfangreich wie die Weite des Meeres. So wie man die Perlen aus dem Meer fischt, so reicht es, sich mit den Grundprinzipien der Schriften zu befassen. Spucken wir nicht den Zuckerrohr-Stängel aus, wenn wir den Saft ausgesogen haben?

70

Nur wer spirituelle Übungen (Sadhana) ausführt, kann die subtilen Aspekte der Schriften erfassen.

71

Das Studium der Schriften allein wird einen nicht zur Vollkommenheit führen. Um eine Krankheit zu heilen genügt es nicht, die Gebrauchsanweisung für das Medikament auf der Packung zu lesen. Man muss das Mittel einnehmen. Erlösung kann nicht allein durch Studium der Schriften erlangt werden. Praktische Anwendung ist unerlässlich.

72

Es ist besser, Meditation mit dem Studium der Schriften zu verbinden, als ohne die Hilfe dieser Kenntnisse zu meditieren. Wenn der Geist unruhig wird, kann jemand, der sich mit den Schriften befasst hat, seine Stärke zurück gewinnen, indem er über die Worte der Schriften nachdenkt. Sie helfen bei der Überwindung der Schwäche. Nur diejenigen, die Sadhana mit dem Studium der Schriften verbinden, sind in der Lage, der Welt selbstlos dienen.

73

Es ist notwendig, sich bis zu einem bestimmten Grad mit den Schriften vertraut zu machen. Wer Landwirtschaft studiert hat, kann ohne Schwierigkeiten eine Kokospalme pflanzen und groß ziehen. Wenn sich irgendein Krankheitssymptom zeigt, weiß er, wie man die Palme am besten behandelt.

74

Wir können unseren Durst nicht löschen, wenn wir lediglich das Bild einer Kokosnuss zeichnen. Wollen wir Kokosnüsse haben, müssen wir zunächst den Setzling einer

Kokospalme pflanzen und dann groß ziehen. Wollen wir alles erfahren, was in den Schriften geschrieben steht, ist es unerlässlich, Sadhana zu praktizieren.

75

Wer ohne Ausübung von Sadhana seine Zeit ausschließlich damit verbringt, sich Buchwissen anzueignen, gleicht dem Narren, der versucht, im Bauplan eines Hauses zu wohnen.

76

Kennt ein Reisender den Weg, wird die Reise einfach sein und das Ziel schnell erreicht. Kinder, die Schriften gleichen Landkarten - sie zeigen den Weg zu unserem spirituellen Ziel.

77

Wer den geistigen Weg gewählt hat, sollte nicht mehr als drei Stunden täglich mit dem Studium der Schriften verbringen. Es ist besser, die übrige Zeit mit Japa (Wiederholung des Namens Gottes) und Meditation zu verbringen.

78

Übermäßiges Studium der Schriften verhindert gute Meditation. Der Wunsch, andere zu belehren, wird ständig gegenwärtig sein. Es taucht dann leicht der Gedanke auf: "Ich bin Brahman. Warum sollte ich meditieren?". Selbst wenn man sich bemüht, still zu sitzen und zu meditieren, wird die innere Unruhe es nicht zulassen und einen veranlassen wieder aufzustehen.

79

Kinder, was bringt es, ein Leben lang die Schriften zu studieren? Niemand würde einen ganzen Sack Zucker essen, um zu wissen, wie Zucker schmeckt - eine Prise genügt.

80

Nehmen wir einmal an, ein Reiskorn in der Getreidekammer meint, autark zu sein. Es denkt: "Warum sollte ich mich zur Erde nieder beugen?" Ihm ist nicht klar, dass es sich nur dann vermehren und von Nutzen sein kann, wenn es die Kornkammer verlässt und sprießt. Bleibt es in der Kornkammer, wird es zum Futter für die Ratten. Jemand, der sich lediglich mit den Schriften befasst und keine spirituellen Übungen macht, gleicht einem solchen Korn im Getreidespeicher. Welchen Nutzen kann Kopfwissen ohne Sadhana bringen? Ein solcher Mensch ist nur in der Lage, wie ein Papagei zu wiederholen: "Ich bin Brahman, ich bin Brahman (Gott)".

Der Weg des Wissens, der Hingabe und des Handelns

81

Gleichmut ist Yoga (Einheit mit Gott). Wenn dieser Gleichmut einmal erreicht ist, fließt die Gnade ohne Unterbrechung. Dann erübrigen sich die geistigen Übungen. Der eine isst vielleicht 'Jackfruit' am liebsten, wenn sie reif ist, ein anderer bevorzugt sie gekocht, ein dritter bevorzugt sie geröstet. Sinn und Zweck des Verzehrs besteht darin, den Hunger zu stillen, auch wenn der Geschmack variiert wurde. Ebenso sucht sich jeder einen bestimmten Weg aus, um Gott zu erfahren. Kinder, welchen Weg man auch für seine Reise wählt, das Ziel ist das gleiche, nämlich Gottverwirklichung.

82

Hingabe ohne entsprechende Kenntnisse der essentiellen Grundlage kann uns nicht zur Befreiung führen. Sie wird für die Menschen dann nur zu einer weiteren Ursache von Anhaftung. Eine Jasminart wächst nicht nach oben, sondern verzweigt sich seitwärts und findet an anderen Bäumen Halt.

83

Wissen ohne Hingabe gleicht dem Verzehr von Steinen.

84

Begleitet von selbstloser Liebe bedeutet Hingabe auf der Basis spiritueller Grundprinzipien, bei dem all-einen Gott Zuflucht zu nehmen - und zwar ohne den Gedanken, dass es viele verschiedene Götter gibt. Das Ziel klar vor Augen, sollte man vorwärts schreiten.

Möchte man sich zum Osten begeben, ist es sinnlos, in Richtung Westen zu reisen.

85

Kinder, das Ziel des Lebens ist Gottesverwirklichung. Strebt danach! Eine Wunde sollte erst mit einem Medikament behandelt werden, nachdem sie von allem Dreck gereinigt wurde. Sonst heilt die Wunde nicht, sondern entzündet sich möglicherweise. Desgleichen sollte Wissen erst gegeben werden, wenn das Ego mit dem Wasser der Hingabe weggewaschen wurde. Nur dann kann die spirituelle Entfaltung stattfinden.

86

Erhitzt man Butter, wird sie nicht ranzig. Wenn sich die Butter jedoch weigert zu schmelzen und denkt: "Ich bin Butter", wird sie in kurzer Zeit stinken. Solange das Ego noch vorhanden ist, können Stolz und andere Unreinheiten

nur durch Hingabe weggeschmolzen werden.
Dann erzeugen diese Eigenschaften keinen
Gestank mehr.

87

Manche Leute fragen, warum Amma dem
Weg der Hingabe (bhakti yoga) so viel Bedeutung einräumt. Kinder, sogar Sankaracharya, der die Lehre des Advaita (Philosophie
des Nicht-Dualismus) begründete, schrieb
schließlich "Saundarya Lahari" (Verse, die
die göttliche Mutter verherrlichen). Der Weise
Vyasa, der Verfasser der Brahmasutras, war
erst zufrieden, als er das Bhagavatam, das
Krishnas Leben verehrt, geschrieben hatte.
Shankaracharya und Vyasa verfassten Werke
der Hingabe, da ihnen klar wurde, dass Ausführungen über Advaita oder die Philosophie
der Brahmasutren den meisten nichts bringen
würde. Von tausend Menschen sind vielleicht
ein oder zwei in der Lage, das Ziel durch den

Weg des Wissens und der Weisheit (jnana yoga) zu erreichen. Kann Amma all die anderen geistigen Sucher fallen lassen? Sie profitieren nur durch den Pfad der Hingabe.

88

Auf dem Weg der Hingabe können wir die Früchte der Glückseligkeit von Anfang an genießen. Auf anderen Wegen hingegen ist das erst gegen Ende möglich. Bhakti (Hingabe) gleicht dem 'Jackfruit'-Baum, der am Stamm Früchte trägt, während man vielleicht bis in die Spitze klettern muss, um die Früchte anderer Bäumen zu pflücken.

89

Am Anfang sollte Gott gegenüber ehrfürchtige Hingabe (Bhaya-Bhakti) empfunden werden. Später erübrigt sich diese Haltung. Nach Erreichen der höchsten Liebe verschwindet die Ehrfurcht.

90

Es wird allgemein gesagt, es genüge, Karmayoga zu praktizieren. Um es aber korrekt auszuüben, ist Wissen erforderlich. Handeln aus Unwissenheit heraus bringt kein richtiges Handeln hervor.

91

Handlungen, die mit Shraddha (Aufmerksamkeit und Glauben/Vertrauen) ausgeführt werden, führen uns zu Gott. Shradda ist unerlässlich und Voraussetzung für Konzentration. Oftmals denken wir erst hinterher darüber nach, wie wir es hätten besser machen können Erst nachdem wir den Prüfungsraum verlassen haben, fallen uns bessere Antworten ein. Was nützt es, hinterher darüber nachzudenken?

92

Kinder, bei allem, was wir tun, ist wache Aufmerksamkeit erforderlich. Unaufmerksame Handlungen bringen keinen Nutzen. Ein Sadhak erinnert sich an die Einzelheiten von Handlungen, die viele Jahre zurück liegen, weil er sie mit äußerster Aufmerksamkeit durchgeführt hat. Selbst Unwichtiges sollten wir mit Konzentration erledigen.

93

Mit einer Nadel werden wir sehr sorgfältig umgehen, auch wenn wir sie für einen belanglosen Gegenstand halten. Ohne Aufmerksamkeit können wir den Faden nicht durch die Öse der Nadel führen. Verlieren wir beim Nähen auch nur für einen Augenblick die Konzentration, stechen wir uns in den Finger. Wir legen die Nadel nicht achtlos auf den Boden, da sie jemanden in den Fuß stechen könnte.

Ein Sadhak muss jede Arbeit mit solcher Aufmerksamkeit verrichten.

94

Man sollte bei der Arbeit nicht reden, da man
sich dann nicht konzentrieren kann. Unkon-
zentriertes Arbeiten ist nutzlos. Vergesst dabei
nicht, Mantra-Japa auszuführen. Erlaubt die
Art der Arbeit dies nicht, dann betet, bevor
ihr damit beginnt: "Herr, mit Deiner Kraft
verrichte ich Deine Arbeit. Verleih mir bitte
die Stärke und Fähigkeit, sie gut auszuführen."

95

Nur sehr wenige Menschen, die das Samskara
aus früheren Leben mitgebracht haben, sind
fähig, den Weg der Weisheit (jnana) zu gehen.
Mit einem echten Guru kann man jedem Weg
folgen.

96

Zuerst ist äußere Wachsamkeit notwendig. Solange wir in unserem äußeren Verhalten nicht achtsam sind, können wir unsere innere Natur nicht besiegen.

97

Wer bei jeder Arbeit ununterbrochen an Gott denkt, entspricht dem wahren Karmayogi, dem echten geistigen Sucher. Er sieht Gott in jeder Arbeit, die er ausführt. Sein Geist ist nicht mit der Arbeit verbunden, sondern mit Gott.

Pranayama - yogische Atemübungen

98

Pranayama sollte mit äußerster Sorgfalt ausgeführt werden. Bei den Übungen sollte man mit geradem Rückgrat sitzen. Gewöhnliche Krankheiten können behandelt und geheilt werden, nicht aber die Störungen, die durch inkorrektes Ausüben von Pranamaya entstanden sind.

99

Bei der Ausführung von Pranayama entsteht eine Bewegung des Darms im Unterbauch. Für Pranayama-Übungen ist eine bestimmte Länge vorgesehen. Hält man diese nicht ein, wird das Verdauungssystem unheilbar geschädigt. Das Essen wird dann unverdaut ausgeschieden. Darum sollte Pranayama nur unter der direkten Anleitung eines Adepten ausgeübt werden. Sie wissen, was auf jeder Stufe getan werden sollte, können Anleitung geben und geeignete Kräuter verabreichen usw. Pranayama ausschließlich nach den Anweisungen in Büchern auszuüben, kann gesundheitsschädlich sein. Niemand sollte das tun.

100

Kinder, für jede Stufe wurde die Ausführung einer bestimmten Anzahl von Pranayama-Übungen festgelegt. Es kann gefährlich sein, sich nicht genau daran zu halten. Die Auswirkung wird ähnlich sein wie bei dem Versuch, zehn Kilo Reis in einen 5-Kilo-Sack zu stopfen.

101

Kumbhaka ist das Stillstehen des Atems, welches durch entsprechend tiefe Konzentration erreicht wird. Man könnte sogar sagen, dass

der Atem selbst mit Gedanken gleichzusetzen
ist. Der Atemrhythmus verändert sich, je nach
dem, worauf wir unsere Gedanken richten.

102

Auch ohne Pranayama kann Kumbhaka durch
Hingabe eintreten. Ununterbrochenes Japa
genügt.

Meditation

103

Kinder, wahre Bildung oder Wissen bedeutet, den Geist konzentrieren zu können.

104

Beim Meditieren kann man die Aufmerksamkeit entweder auf das Herz oder zwischen die Augenbrauen richten. Solange man nicht in einer bestimmten Position bequem verharren kann, sollte man beim Meditieren die Aufmerksamkeit auf das Herz richten. Nur in Gegenwart des Gurus sollte man sich auf den Punkt zwischen den Augenbrauen konzentrieren, weil dadurch der Kopf heiß werden kann, Kopfschmerzen und Schwindel eintreten können. Unter Umständen kann Schlaflosigkeit auftreten. Der Guru weiß, was in solchen Fällen zu tun ist.

105

Meditation hilft, den Geist von seiner Rast-
losigkeit und Spannung zu befreien. Glaube
an Gott ist keine Voraussetzung. Man kann
sich auf irgendeinen Körperteil oder jeden
beliebigen Punkt konzentrieren. Eine andere
Möglichkeit besteht darin, sich vorzustellen,
mit der Unendlichkeit zu verschmelzen - so
wie ein Fluss in den Ozean mündet.

106

Wahres Glück entsteht durch die Auflösung
des mentalen Bereiches und nicht durch äußere Dinge. Durch Meditation können wir alles
erreichen – unter anderem Glückseligkeit,
Langlebigkeit, Vitalität, Anmut, Gesundheit, Stärke, Intelligenz und Kraft. Aber sie
sollte korrekt ausgeführt werden, und zwar
in Zurückgezogenheit, mit Wachheit und
Sorgfalt.

107

Durch Meditation auf die Formaspekte Gottes ist es möglich, sowohl Konzentration, als auch geistige Reinheit zu erreichen. Selbst ohne es zu bemerken, entwickeln sich die sattvischen Eigenschaften der verehrten Gottheit in uns. Auch wenn ihr untätig dasitzt, lasst euren Geist nicht umher wandern. Stellt euch die Gestalt der gewählten Gottheit überall dort vor, wo euer Blick hinfällt.

108

Zieht ihr es vor, über eine Flamme zu meditieren, so genügt das. Blickt eine Zeitlang in einem dunklen Zimmer in die Flamme einer Kerze. Die Flamme sollte ruhig brennen. Man kann sie sich dann im Herzen oder im Punkt zwischen den Augenbrauen vorstellen. Hat man sich eine Weile auf die Flamme konzentriert, wird man ein Licht sehen, wenn die Augen geschlossen sind. Es ist ebenfalls gut, sich darauf zu konzentrieren. Eine andere Möglichkeit besteht darin, sich vorzustellen, dass die verehrte Gottheit in der Flamme steht. Aber es ist noch besser, darüber zu meditieren, dass sie in einem Opferfeuer steht. Stellt euch vor, dass Ärger, Eifersucht, Ego, usw. in dem Opferfeuer verbrannt werden.

109

Gebt die Meditation nicht auf, nur weil ihr kein klares Bild der Gestalt bekommen könnt. Bemüht euch, angefangen von den Füßen bis hinauf zum Kopf, jeden Körperteil der geliebten Gottheit innerlich zu visualisieren. Gebt der Gottheit das rituelle Bad, schmückt sie mit schönen Gewändern und Geschmeide und gebt ihr mit der eigenen Hand zu essen. Bei solchen Vorstellungen wird die Gestalt der geliebten Gottheit nicht verblassen.

110

Kinder, den Geist zum Meditieren zu zwingen gleicht dem Versuch, ein Stück Holz unter Wasser zu halten. Sobald man den Griff lockert, kommt das Holz sofort wieder an die Oberfläche. Übt Japa aus, wenn ihr nicht in der Lage seid zu meditieren. Japa macht uns für Meditation empfänglicher.

111

Am Anfang ist Meditation über einen Formaspekt notwendig. Dadurch wird sich der Geist auf die verehrte Gottheit fixieren. Bei allen Meditationsarten ist Konzentration wichtig. Was nützt ein Brief mit Überfrankierung, wenn wir die Adresse nicht richtig schreiben? Dem entspricht es, wenn wir Japa und Meditation ohne Konzentration praktizieren.

112

Wenn wir versuchen, negative Gedanken auszumerzen, beginnen sie, Probleme zu schaffen. Solange wir diesen Gedanken nachgaben, störten sie nicht. Erst wenn wir unsere Einstellung ändern, werden sie uns bewusst. Obwohl wir sie auch zuvor hatten, nahmen wir sie nicht wahr. Wenn diese Gedanken während der Meditation auftauchen, ist es gut, sich Folgendes zu sagen: "O Geist, was nützt es dir, bei diesen Gedanken zu verweilen? Ist es dein Ziel, über solche Dinge nachzudenken?" Weltlichen Dingen und Gedanken gegenüber sollte man völligen Gleichmut entwickeln. Loslösung von Weltlichem und Liebe zu Gott sollten kultiviert werden.

113

Kinder, wenn man sich während der Meditation schläfrig fühlt, muss man besonders darauf achten, dass dies nicht die Oberhand gewinnt.

In den Anfangsstadien der Meditation werden alle tamasischen (trägen) Eigenschaften an die Oberfläche kommen. Bemüht man sich um Wachsamkeit, werden sie mit der Zeit verschwinden. Macht Japa, wenn ihr euch schläfrig fühlt und haltet eine Mala an eure Brust. Rezitiert das Mantra ohne Eile. Lehnt euch nirgendwo an und haltet den Körper ruhig. Fühlt ihr euch dann immer noch schläfrig, so setzt Japa im Stehen fort, ohne euch an irgendetwas zu lehnen oder die Beine zu bewegen.

114

Wo wir uns auch befinden - ob im Sitzen oder Stehen - wir sollten die Wirbelsäule stets aufrecht halten. Meditiert nicht mit gekrümmter Wirbelsäule. Unser Gemüt ist wie ein Dieb, der immer auf eine Gelegenheit wartet, uns zu versklaven. Lehnen wir uns an irgendetwas an, werden wir, ohne es zu bemerken, einschlafen.

115

Mindestens drei Jahre sind notwendig, um die Form, auf die wir meditieren, ausreichend in uns zu fixieren. Anfangs müssen wir uns bei der Betrachtung eines Bildes um Konzentration bemühen. Nach zehn Minuten kann man dann weitere zehn Minuten mit geschlossenen Augen meditieren. Führen wir die Meditation in dieser Weise fort, wird die Gottheit mit der Zeit klare Gestalt annehmen.

116

Wenn die Vorstellung der Gestalt verblasst, bemüht euch erneut um Visualisierung. Man kann sich auch vorstellen, ein Japa-Band um die verehrte Gottheit zu wickeln – und zwar vom Kopf bis zu den Füßen und dann wieder hinauf zum Kopf. Das hilft, die Aufmerksamkeit auf die Gottheit zu konzentrieren.

117

Direkt nach der Meditation zu sprechen gleicht dem Ausgeben von hart verdientem Geld für wertlose Dinge. Die während der Meditation gewonnene Kraft wird dadurch völlig verschwendet.

118

Nachts ist die Atmosphäre ruhig, da Vögel, Tiere und weltliche Menschen schlafen. Die Schwingungswellen weltlicher Gedanken nehmen in der Nacht ab. Es gibt Pflanzen, die in der Nacht blühen. Die Atmosphäre hat eine einmalige energiespendende Wirkung. Meditiert man zu dieser Zeit, wird der Geist leicht zielgerichtete Konzentration erreichen und lange in Meditation versunken bleiben. Die Nacht ist die Zeit, in der die Yogis wach bleiben.

119

Die Meditation über eine göttliche Gestalt
entspricht in der Tat einer Meditation über
unser wahres Selbst. Wenn mittags die Sonne im Zenit steht, gibt es keine Schatten.
Die beschriebene Art des Meditierens lässt
sich damit vergleichen. Bei Erreichen eines
bestimmten Meditationsstadiums verschwindet der Formaspekt und wir verschmelzen
mit dem Göttlichen ("das"). Bei Erreichen
der Vollkommenheit gibt es keinen Schatten
mehr, weder Dualität, noch Illusion.

Mantra

120

Hätten Mantras keine Macht, würde das auch für Worte gelten. Sagt man zu jemandem ärgerlich "hinaus!", so löst das eine völlig andere Wirkung aus, als ein freundliches "bitte gehen Sie". Werden nicht unterschiedliche Reaktionen im Zuhörer erzeugt?

121

Sinn und Zweck des Mantras ist es, unseren Geist zu reinigen und nicht, Gott zufrieden zu stellen. Welchen Nutzen sollten Mantras Gott bringen?

122

Plagt euren Verstand nicht damit, über die Bedeutung des Mantras nachzugrübeln; es zu rezitieren ist ausreichend. Ihr mögt mit dem Bus, dem Auto, dem Boot oder dem Zug zum Ashram gekommen sein. Aber vergeudet ihr eure Zeit damit, nach der Ankunft über das Fahrzeug nachzudenken? Sich des Zieles bewusst zu sein genügt.

123

Es gibt verschiedene Diksha-Arten (Einweihung): durch Blick, Berührung, Gedanken und Mantra-Einweihung. Mantra-Upadesa (Einweihung) sollte man von einem Sadguru (gottverwirklichten Meister) erhalten. Im Falle eines unechten Gurus gleicht die Wirkung der Bemühung, mit einem schmutzigen Filter Wasser reinigen zu wollen. Das Wasser würde noch mehr verschmutzt.

124

Kinder, selbst wenn ihr in den Bus eingestiegen seid und die Fahrkarte gekauft habt, solltet ihr mit der Fahrkarte nicht achtlos umgehen, sondern sie sorgfältig aufbewahren. Wer seine

Fahrkarte nicht vorweisen kann, wenn der Kontrolleur kommt, muss den Bus verlassen. Desgleichen denkt nicht, dass eure Aufgabe beendet ist, nur weil ihr ein Mantra erhalten habt. Nur bei richtiger Anwendung wird euch das Mantra zum Ziel bringen.

125

Kinder, es ist schwierig, ein Boot über ein mit Wasserpflanzen bedecktes Gewässer zu rudern. Werden sie beseitigt, kann sich das Boot leichter fortbewegen. In ähnlicher Weise fällt Meditation leichter, wenn die inneren Unreinheiten durch Japa beseitigt werden.

126

Es ist wesentlich, das Mantra mit bewusster Aufmerksamkeit zu wiederholen. Bemüht euch, bei der Ausübung von Japa alle anderen Gedanken soweit wie möglich zu unterbinden. Es sollte darauf geachtet werden, sich entweder auf die gewählte Meditationsform oder auf die Buchstaben des Mantras zu konzentrieren.

127

Kinder, seid beständig in der Rezitation eures Mantras. Der Geist sollte darin geschult werden, ununterbrochen Japa auszuüben, so dass es bei allen Tätigkeiten weiter geht. Eine Spinne wird ihren Faden weiterspinnen, wohin sie sich auch bewegt. Genauso sollte bei allem, was wir tun, Japa innerlich fortgesetzt werden.

128

Ganz gleich, wie viel wir eine Katze auch füttern und streicheln, sie wird stehlen, sobald wir uns von ihr abwenden. Der menschliche Geist ist genauso. Um ihn zu zähmen und zu konzentrieren, wiederholt pausenlos das Mantra. Beim Gehen, Sitzen und Arbeiten sollte das Mantra ununterbrochen fließen – so wie Öl, das von einem Gefäß in ein anderes gegossen wird.

129

In den Anfangsstadien der geistigen Übungen ist neben der Kontemplation über die göttliche Gestalt auch Japa notwendig. Macht euch keine Sorgen, wenn ihr sie nicht deutlich visualisieren könnt. Es reicht, wenn ihr mit Japa fortfahrt. Wenn wir mit unserem Sadhana Fortschritte machen, wird sich die Form klar im Geist einprägen und Japa in natürlicher Weise nachlassen.

130

Kinder, es ist nicht notwendig, all die verschiedenen Sahasranamas (Tausend Namen Gottes) zu singen. Eines ist ausreichend. In jedem Sahasranama ist alles enthalten.

131

Kinder, jedes Mal wenn der Geist unruhig ist, übt Mantra Japa, sonst wird die Unruhe nur weiter zunehmen. Wenn der Geist keine Ruhe findet, wendet er sich äußeren Dingen zu. Bringt dies keinen Erfolg, wird er anderweitig suchen. Die Dinge der äußeren Welt können uns jedoch keinen Frieden geben; nur Mantra-Japa und Gott zugewendete Gedanken vermögen dies. Die Lektüre spiritueller Bücher ist ebenfalls hilfsreich.

132

Kinder lernen das Rechnen mit Hilfe eines Rechenbretts. Durch diese Methode können sie schnell lernen. Ebenso ist es zur Kontrolle der Gedanken nützlich, eine Mala zu verwenden. Später kann man Japa auch ohne Mala ausüben. Führen wir Japa regelmäßig aus, wird es zu einem Teil von uns. Selbst während des Schlafs wird sich Japa fortsetzen.

133

Ganz gleich, wie viel wir meditieren und Japa ausüben, ohne Liebe zu Gott bleiben unsere spirituellen Bemühungen ergebnislos. Ein Boot, das gegen den Strom fährt, wird nur mühsam vorankommen – wie sehr man auch rudert. Mit gesetztem Segel hingegen fährt das Schiff schneller. Die Liebe zu Gott entspricht dem Segel, das uns hilft, rasch voran zu kommen und das Ziel ohne Schwierigkeiten zu erreichen.

Hingebungsvolles Singen (Bhajans)

134

Im Kaliyuga (dunkles Zeitalter des Materialismus) sind Bhajans (Gesänge zur Verehrung Gottes) und Japa sehr wirksam. Das Geld, das man in alten Zeiten durch den Verkauf von 1000 Hektar Land erhielt, kann man heutzutage durch den Verkauf eines Hektars bekommen. Das ist ein Merkmal des Kaliyugas. Selbst fünf Minuten Konzentration sind bereits ein großer Gewinn.

135

Zur Zeit der Abenddämmerung ist die Atmosphäre mit unreinen Schwingungen erfüllt. In dieser Stunde begegnen sich Tag und Nacht, und es ist für Sadhaks die beste Zeit zum Meditieren, weil tiefe Konzentration erzielt werden kann. Wenn man kein Sadhana ausübt, steigen viele weltliche Gedanken auf. Darum ist es am besten, während der Abenddämmerung laut Bhajans zu singen. Der Gesang reinigt sowohl uns selbst als auch die Atmosphäre.

136

Da die Atmosphäre im Kaliyuga mit Geräuschen erfüllt ist, eignet sich Bhajansingen besser als Meditation, um Konzentration zu erlangen. Meditieren erfordert eine ruhige Umgebung, aus diesem Grunde sind Bhajans wirkungsvoller. Durch das laute Singen werden andere ablenkende Geräusche übertönt und wir können uns konzentrieren. Erst jenseits davon findet wirkliche Meditation statt. Die Stufen sind daher: Bhajansingen, Konzentration, Meditation. Kinder, ununterbrochen an Gott zu denken ist Meditation.

137

Werden Bhajans ohne Konzentration gesungen, ist es lediglich Energieverschwendung. Werden sie jedoch mit Konzentration gesungen, so profitieren davon Sänger, Zuhörer und die Natur. Diese Lieder tragen dazu bei, im Laufe der Zeit im Zuhörer ein Erwachen zu bewirken.

Das Einhalten von Gelübden

138

Kinder, die Küste ist da, um die Meereswellen aufzuhalten. Im spirituellen Leben hilft das Einhalten von Gelübden, die Wellen des Geistes im Zaum zu halten.

139

An bestimmten Tagen wie Ekadasi (11. Tag der zweiwöchigen Mondphase) und während Vollmond ist die Atmosphäre völlig unrein. Zu diesen Zeiten ist es gut, ein Schweige-Gelübde auf sich zu nehmen und nur Obst zu essen. Da Obst mit einer Schale bedeckt ist, wird es von den unreinen Schwingungen aus der Atmosphäre kaum berührt. Diese Tage sind förderlich für die spirituelle Praxis (Sadhana). Welche Gedanken wir auch immer haben - spirituelle oder weltliche - in dieser Zeit kann mehr Konzentration erlangt werden.

140

Es ist gut für einen geistig Suchenden, die Verdauungsorgane wenigstens zweimal im Monat zu reinigen. Widmet einen Tag in der Woche Dhyana (Meditation) und Japa, schweigt diesen Tag und esst nur Früchte. Das wirkt klärend auf Körper und Geist.

141

Amma empfiehlt, an einem Tag in der Woche zu schweigen und nur Früchte zu sich zu nehmen. Widmet diesen Tag der Meditation und Mantra-Rezitation. Dies ist für Körper Geist und eure spirituellen Übungen förderlich.

142

Ein geistig Suchender, der regelmäßig Sadhana ausübt, kann seinen Geist und seinen Körper besser auf die Meditation einstimmen, wenn er gelegentlich fastet. Diejenigen, die neben der Meditation anstrengende Arbeit leisten, sollten

nicht ganz fasten. Die notwendige Nahrungs-
menge sollte man dann zu sich nehmen, wobei
Obst besonders gut geeignet ist.

143

Ein geistig Suchender sollte jedes Wort
sorgfältig aussprechen, mit seinen Worten
sparsam umgehen und in gedämpftem Ton
reden, so dass nur der aufmerksame Zuhörer
ihn versteht.

144

Um gesund zu werden, sollte ein Kranker
Einschränkungen in Kauf nehmen. Auch ein
geistig Suchender sollte sich Beschränkungen
unterziehen, bis er das Ziel erreicht hat. Ein
Minimum an Unterhaltungen, Schweigege-
lübde und Beherrschung beim Essen, stellen
einige der Einschränkungen dar.

145

Das Einhalten von Gelübden ist kein Zeichen von Schwäche. Holzbretter kann man nur dann zum Schiffbau verwenden, wenn sie gebogen werden können. Um sie zu biegen, werden sie erhitzt. In ähnlicher Weise kann der Geist durch spirituelle Disziplin unter Kontrolle gebracht werden. Ohne innere Selbstbeherrschung ist auch die körperliche nicht möglich.

Geduld und Disziplin

146

Kinder, nur wer Geduld aufbringt, kann ein spirituelles Leben führen.

147

Das spirituelle Wachstum kann nicht an den äußeren Handlungen gemessen werden. Bis zu einem gewissen Grad kann der Fortschritt an den Reaktionen auf widrige Umstände erkannt werden.

148

Wie kann ein Mensch, der wegen einer Kleinigkeit ärgerlich wird, die Welt leiten? Kinder, nur jemand, der über Geduld verfügt, kann andere führen. Das Ego sollte vollkommen ausgelöscht werden. Ein Stuhl beklagt sich nicht, ganz gleich, wie viele Leute darauf Platz nehmen. Genauso sollten wir, egal wie viele

Leute mit uns ärgerlich werden, die Kraft
entwickeln, es zu ertragen und zu vergeben.
Ansonsten führen die spirituellen Übungen
(Sadhana) zu nichts.

149

Durch Ärger geht ein großer Teil der durch
spirituelle Übungen gewonnen Kraft verloren.
Beim Fahren verbraucht ein Auto nicht viel
Benzin. Aber durch Anhalten und Wiederan-
fahren steigt der Verbrauch. Ähnlich verlieren
wir Kraft aus jeder Pore unserer Körpers,
wenn wir ärgerlich werden.

150

Wenn man ein Gasfeuerzeug zehn oder
zwanzig Mal betätigt, wird Gas verbraucht,
auch wenn wir es nicht sehen - man weiß es
aus Erfahrung. Genauso kann die Energie,
die wir durch gute Gedanken gesammelt
haben, aus vielerlei Gründen verloren gehen.

Durch Ärger zum Beispiel büßen wir alles wieder ein, was wir durch Sadhana gewonnen haben. Beim Sprechen wird nur durch den Mund Energie verbraucht bei Ärger verlieren wir jedoch Energie durch Augen und Ohren, sowie über jede Pore unseres Körpers.

151

Kinder, für den spirituellen Aspiranten ist es wesentlich, einen genauen Zeitplan einzuhalten und einer täglichen Routine für Japa und Meditation zu folgen. Es sollte die Gewohnheit entwickelt werden, jeden Tag zu einer bestimmten Zeit zu meditieren. Diese Gewohnheit wird uns dann leiten.

152

Wer einen geregelten Stundenplan für spirituelle Disziplin hat, wird die festgelegten Zeit automatisch befolgen. Jemand, der sich daran gewöhnt hat, zu einer bestimmte Zeit

Tee zu trinken, muss sich an diese Zeit halten. Andernfalls stellt sich Unruhe ein und
der zwanghafte Impuls, sich eine Tasse Tee
zu holen. Wer für seine spirituellen Übungen
einen geregelten Zeitplan hat, wird sie ganz
von selbst zu den festgelegten Zeiten ausführen.

Demut

153

Ein Zyklon entwurzelt riesige Bäume und bringt Gebäude zum Einsturz. Doch ganz gleich wie stark ein Zyklon ist, dem Gras kann er nichts anhaben. Das ist die Größe von Demut.

154

Sich vor anderen zu verbeugen ist kein Zeichen von Schwäche. Wir sollten die innere Größe aufbringen, uns selbst vor dem Gras zu verbeugen. Beschließt jemand, ein Bad zu nehmen, ist aber nicht bereit, sich zum Fluss hinab zu beugen, bleibt sein Körper schmutzig. Ein spiritueller Aspirant (Sadhak), der sagt, er werde sich vor anderen nicht verbeugen, verhindert dadurch die Beseitigung seiner Unwissenheit.

155

In seiner Ichbezogenheit behauptet der Mensch, die Welt könne durch einen bloßen Knopfdruck zu Asche verbrannt werden. Um auf den Knopf zu drücken, muss sich die Hand bewegen. Der Mensch denkt nicht über die Kraft hinter dieser Bewegung nach.

156

Der Mensch behauptet, er habe die Welt erobert, obwohl er nicht einmal in der Lage ist, die Sandkörner unter seinen Füßen zu zählen. Solche Kleingeister behaupten, die Welt erobert zu haben!

157

Angenommen, jemand wird ohne Grund auf euch ärgerlich. Selbst dann sollte ein spiritueller Aspirant (Sadhak) bereit sein, sich vor diesem Menschen zu verbeugen und verstehen, dass dies ein Spiel Gottes ist, um ihn zu prüfen. Nur dann kann gesagt werden, Meditation habe ihren Nutzen gebracht.

158

Kinder, selbst wenn jemand einen Baum fällt, spendet der Baum ihm Schatten. So sollte sich ein spirituell Suchender verhalten. Nur jemand, der für das Wohlergehen selbst derjenigen betet, die ihn quälen, kann als spiritueller Mensch bezeichnet werden.

Selbstsucht und Wünsche

159

Kinder, das Ego entsteht durch Wünsche und Selbstsucht. Es ist nicht von Natur aus vorhanden, sondern wird erzeugt.

160

Angenommen, wir gehen Geld kassieren. Wir erwarten 200 Rupien, erhalten aber nur 50. Wir werden ärgerlich, stürzen uns auf den Mann und verprügeln ihn. Die Angelegenheit geht dann vor Gericht. Entstand die Wut nicht, weil wir die gewünschte Summe nicht erhielten? Was nützt es, Gott Vorwürfe zu machen, wenn wir bestraft werden? Wut entsteht durch Erwartungshaltung, Leid aufgrund von Wünschen. Es ist das Ergebnis davon, unseren Wünschen nachzulaufen.

161

Der göttliche Gnadenstrom kann uns nicht erheben, wenn wir mit der Last unserer Wünsche und unseres Egos beladen sind. Sie sollte abgebaut werden.

162

Ein Baum, der alle Blätter verliert, trägt viele Blüten, während andere Bäume nur wenige Blüten tragen. Kinder, wenn wir vollkommen frei von negativen Neigungen wie Selbstsucht, Ego und Eifersucht sind, erlangen wir die Vision Gottes.

163

Ein spirituell Suchender sollte nicht einmal eine Spur von Selbstsucht haben. Selbstsucht ist mit Würmern vergleichbar, die den Honig aus den Blüten saugen. Lässt man die Würmer auf den Blüten wachsen, werden die Früchte voller Würmer sein. Solche Früchte sind unbrauchbar. Desgleichen wird Selbstsucht all unsere guten Eigenschaften auffressen, wenn sich ihr Gelegenheit zum Wachstum bietet.

164

Kinder, es besteht ein großer Unterschied zwischen den Wünschen eines spirituellen Aspiranten und denen eines weltlichen Menschen. Wie Wellen werden die Wünsche einer nach dem anderen kommen und den weltlichen Menschen stören, ohne ein Ende zu nehmen. Ein spirituell Suchender hat nur einen Wunsch. Ist dieser erfüllt, gibt es kein Begehren mehr.

165

Das Eigeninteresse eines spirituell Suchenden wird der Welt von Nutzen sein. Einst lebten in einem Dorf zwei Jungen. Beide erhielten von einem durchreisenden Sannyasin ein Samenkorn. Der erste Junge röstete das Korn und aß es, um seinen Hunger zu stillen. Der zweite Junge säte das Korn und erzeugte dadurch eine Menge Getreide, das er an andere verteilte. Kinder, auch wenn beide Jungen das Korn aus Eigennutz annahmen, so war das Eigeninteresse des zweiten Jungen für viele Menschen von Nutzen.

166

Es gibt nur einen Gott (Atman). Er durchdringt alles. Wenn unser Geist sich ausdehnt, können wir darin eingehen. Dann werden Selbstsucht und Ego für immer verschwunden sein. Für den, der sich in diesem höchsten Bewusstseinszustand befindet, ist alles gleich. Kinder, dient anderen und helft den Notleidenden, ohne einen einzigen Augenblick zu vergeuden. Setzt euch für andere ein, ohne irgendetwas von ihnen zu erwarten.

167

Kleine Selbstsucht kann von großer befreien. Ein kleines Blatt mit der Aufschrift: "Plakate ankleben verboten" wird dafür sorgen, dass der Rest der Wand frei bleibt. Mit dem auf Gott gerichteten Eigeninteresse verhält es sich ebenso.

Nahrung

168

Der Geschmack des Herzens versagt sich uns, solange wir nicht auf den Geschmack der Zunge verzichten.

169

Es ist unmöglich, definitiv festzulegen „Das sollte man essen, jenes nicht". Entsprechend den klimatischen Bedingungen wird sich auch der Einfluss der Nahrung auf uns ändern. Nahrungsmittel, die man hier vermeidet, können im Himalaja gut für uns sein.

170

Hat man sich zum Essen hingesetzt, sollte man zunächst zu Gott beten. Dem entspricht auch die Rezitation eines Mantras vor dem Essen. Es ist ein geeigneter Zeitpunkt, unsere

Geduld zu prüfen, wenn das Essen schon vor uns steht.

171

Ein Asket braucht sich nicht auf die Suche nach Nahrung zu begeben. Die Spinne webt ihr Netz und bleibt an ihrem Platz. Sie begibt sich nirgendwo hin, um nach Nahrung zu jagen. Ihre Beute wird sich in ihrem Netz verfangen. Desgleichen wird die Nahrung für einen Asketen durch Gott zu ihm kommen, aber dafür muss seine Hingabe an Gott vollkommen sein.

172

Die Ernährung hat einen großen Einfluss auf unser Wesen. Nahrung, die nicht frisch ist, stärkt unser Tamas (Trägheit).

173

In den Anfangsstadien sollte ein Sadhak Selbstbeherrschung in Hinblick auf Essen üben. Unkontrolliertes Essen führt zur Entstehung von schlechten Neigungen. Wenn die Samen frisch gesät sind, sollte man Acht geben, dass die Krähen sie nicht aufpicken. Nachdem sie zu einem Baum herangewachsen sind, kann jeder Vogel auf ihm sitzen oder in ihm ein Nest bauen.

Kinder, zunächst einmal sollte man die Nahrungsaufnahme strikt begrenzen und spirituelle Übungen ausführen. Auf einer späteren Stufe kann man scharfe, saure oder nicht-vegetarische Nahrung zu sich nehmen, ohne dass es einem schadet. Aber Kinder, es ist trotzdem besser, auch auf einer späteren Stufe solche Nahrung nicht zu euch zu nehmen, nur weil Amma euch erklärte, dann könne man jede Nahrung essen. Ihr solltet ein Vorbild für die Welt sein. Andere lernen durch

Beobachtung von euch. Esst keine scharfen und sauren Speisen vor den Augen einer Person, die an Gelbsucht leidet. Auch wenn wir selbst die Krankheit nicht haben, sollten wir uns im Interesse anderer beherrschen.

174

Leute sagen, es sei einfach, das Teetrinken oder Rauchen aufzugeben, und dennoch sind viele dazu nicht fähig. Wie kann jemand seinen Geist beherrschen, wenn er nicht einmal solch einfache Dinge unter Kontrolle bringen kann? Als erstes sollten einmal diese leichten Angelegenheiten überwunden werden. Wenn jemand nicht einmal kleine Flüsse überqueren kann, wie soll er dann den Ozean überqueren?

175

Am Anfang sollte ein spiritueller Aspirant (Sadhak) nicht in Gaststätten und Imbiss-Ständen essen. Während der Besitzer die einzelnen Zutaten wählt, wird sein einziger Gedanke sein, wie er einsparen und dadurch mehr Gewinn erzielen kann. Beim Zubereiten von Tee denkt er: „Ist so viel Milch überhaupt nötig? Warum kann ich nicht weniger Zucker nehmen?" In dieser Weise sinnt er nur darüber nach, wie er durch Einsparungen den Gewinn erhöhen kann. Die Schwingungen dieser Gedanken wirken auf den geistig Suchenden.

Es gab einmal einen Sannyasin, der gewöhnlich keine Zeitungen las. Eines Tages überkam ihn ein starkes Verlangen danach. Danach begann er, von Zeitungen und Zeitungsartikeln zu träumen. Nachforschungen ergaben, dass der Diener beim Kochen Zeitung las. Seine Aufmerksamkeit war nicht beim Kochen, sondern bei der Zeitung. Die Gedankenwellen des Koches beeinflussten den Sannyasin.

176

Überesst euch nicht! Den Magen vollzufüllen ist schädlich für Gesundheit und Sadhana. Die Hälfte des Magens sollte der Nahrung vorbehalten sein, ein Viertel für Wasser und der Rest für die Bewegung von Luft. Je weniger man isst, umso größer ist die geistige Kontrolle. Schlaft oder meditiert nicht unmittelbar nach dem Essen. Andernfalls wird die Nahrung nicht richtig verdaut.

177

Wenn die Liebe zu Gott in einem wächst, lässt sich das mit dem Ausbruch von Fieber vergleichen. Wer Fieber hat, wird keinerlei Geschmack an Nahrung finden. Selbst Süßes schmeckt für ihn bitter. Sobald wir Gott wirklich lieben, lässt der Appetit spontan nach.

Brahmacharya

178

Kinder, scharfe und saure Speisen sind für Brahmacharya schädlich. Man sollte nicht zuviel Salz verwenden. Süßes in Maßen schadet nicht. Es ist nicht bekömmlich, abends Yoghurt zu essen, zu viel Milch ebenfalls nicht. Milch zum Trinken sollte mit der gleichen Menge Wasser gemischt und dann gekocht werden. Zu viel Öl gilt es ebenfalls zu vermeiden, da sonst der Fettgehalt des Körpers ansteigt, was eine vermehrte Produktion von Sperma nach sich zieht.

179

Schmackhafte Speisen sollten nicht häufig gegessen werden. Mit dem Verlangen nach schmackhafter Nahrung nehmen ebenfalls die körperlichen Versuchungen zu. Es ist besser, am Morgen nichts zu essen und am Abend nur kleine Mengen.

180

Vor einem Samenerguss während des Schlafs braucht man keine Angst zu haben. Habt ihr nicht gesehen, wie man Kuhdung verbrennt und mit Wasser vermischt, um heilige Asche herzustellen? Man gibt einen Docht aus Stoff in das Gefäß und lässt ein Ende heraushängen. Durch diesen Docht wird das überschüssige Wasser abgeleitet, aber die Grundsubstanz geht nicht verloren. Erst durch die Entfernung des Wassers wird die heilige Asche ausgefällt. Es sollte jedoch besonders darauf geachtet werden, dass kein Samenerguss während des Träumens stattfindet.

181

Kinder, wenn ihr spürt, dass ein Samenerguss bevorsteht, solltet ihr sofort aufstehen und meditieren oder Japa machen. Egal, ob er stattfindet oder nicht, am darauf folgenden Tag sollte Sadhana zusammen mit Fasten praktiziert werden. Baden in einem Fluss oder im Meer ist gut für Brahmacharya.

182

In bestimmten Monaten und an bestimmten Tagen ist die Atmosphäre völlig unrein. Zu diesen Zeiten können trotz aller Achtsamkeit Samenergüsse stattfinden. Mitte Juli bis Mitte August ist solch eine Zeit.

183

Mittels der Hitze, die durch Konzentration entsteht, wird die Kraft der Abstinenz in Ojas (sublimierte Lebenskraft) umgewandelt. Wenn ein weltlicher Mann Zölibat einhält, sollte er gleichzeitig Sadhana ausüben. Sonst wird die aus Abstinenz gewonnene Kraft nicht in Ojas umgewandelt.

Der spirituelle Aspirant und die spirituelle Praxis

184

Kinder, unsere Haltung gegenüber allem in der Schöpfung sollte von jeglicher Erwartung frei sein. Das ist der Zweck spiritueller Übungen.

185

Es gibt keine Abkürzung, um den Anblick Gottes zu erlangen. Obwohl Kandiszucker süß ist, schluckt niemand ein ganzes Stück auf einmal hinunter; es würde die Speiseröhre verletzen. Man lässt ihn langsam im Mund zergehen und schluckt ihn anschließend. In ähnlicher Weise sollte man seine spirituellen Übungen regelmäßig und geduldig ausführen.

186

Ohne Liebe zu Gott sind das Wiederholen eines Mantras, bzw. göttlichen Namens (Japa) und Meditation nutzlos. Aber diejenigen, die der Auffassung sind, mit spiritueller Praxis erst zu beginnen, wenn sie Liebe zu Gott entwickelt haben, sind Faulpelze. Sie gleichen denen, die auf ein Abklingen der Wellen warten, um ein Bad zu nehmen.

187

Durch spirituelle Übungen erhalten wir Shakti (spirituelle Kraft), und der Körper wird von Krankheiten befreit. Mit der Zeit wächst die Fähigkeit, jederzeit tätig zu sein, ohne zusammen zu brechen.

188

Die von uns verehrte Gottheit wird uns bis zur Schwelle der Selbstverwirklichung führen, wenn wir regelmäßig unsere spirituellen

Übungen ausführen. Hat man, um den Ashram aufzusuchen, fünfzig Kilometer mit dem Bus bis Vallickavu zurückgelegt, kann man den verbleibenden Kilometer leicht zu Fuß gehen. Ebenso wird uns die Gottheit bis zum Tor von Akhanda-Satchidananda (ungeteiltes Sein-Bewusstsein-Glückseligkeit) bringen.

189

Kinder, bevor wir damit anfangen, die Welt zu lehren, sollten wir die entsprechende Kraft dazu erwerben. Wer in den Himalaja fährt, wird wollene Kleidung mitnehmen, um sich vor der Kälte zu schützen. Ebenso sollte man innerlich erstarkt sein, bevor man in die Welt geht, damit einen Widrigkeiten nicht aus der Bahn werfen. Dazu ist spirituelle Praxis unerlässlich.

190

Wahrer *Satsang* ist die Verschmelzung des individuellen Selbst (Jivatma) mit dem höchsten
kosmischen Selbst (Paramatma).

191

Wenn es jemanden nach Datteln verlangt und
der Baum vor Wespen wimmelt, wird er es
trotzdem riskieren hinauf zu klettern, um die
Früchte zu bekommen. In ähnlicher Weise
wird jemand, der über Lakshya Bodha (Ent-
schlossenheit, das Ziel zu erreichen)verfügt,
alle widrigen Umstände überwinden.

192

Im Anfangsstadium ist es für einen Sadhak von
Nutzen, eine Wallfahrt zu unternehmen. Eine
Reise mit Entbehrungen wird ihm helfen, die
Natur der Welt zu verstehen. Jemand, der nicht
durch Sadhana ausreichend Kraft erworben hat,
wird angesichts der Prüfungen und Belastungen

der Welt zusammen brechen. Deshalb sind fortwährend spirituelle Übungen ohne Zeit durch
Ortswechsel zu verlieren am besten.

193

Als erstes sollte ein Sadhak korrekte Sitzhaltung (Asana) beherrschen. Das ist nicht
immer leicht zu erreichen. Sitzt jeden Tag fünf
Minuten länger als am vorhergehenden Tag.
Auf diese Weise wird es allmählich möglich
sein, zwei oder drei Stunden auf einmal zu
sitzen. Ist diese Geduld erreicht, ergibt sich
alles Weitere wie von selbst.

194

Kinder, fünf Minuten lang nach Gott zu weinen, kommt einer Stunde Meditation gleich.
Beim Weinen taucht der Geist leicht in völlige
Ausrichtung auf Gott ein. Wenn ihr nicht
weinen könnt, betet: „O Herr, warum kann
ich nicht nach Dir weinen?"

195

Für einen spirituellen Aspiranten ist es nicht gut, wegen vergänglicher Dinge zu weinen. Tränen sollten ausschließlich für die Wahrheit und für Gott vergossen werden. Ein spirituell Suchender sollte niemals schwach werden, denn er muss die Last der ganzen Welt auf sich nehmen.

196

Unsere Stimmung kann auf dreierlei Weise Ausdruck finden: durch Worte, Tränen und Lachen. Kinder, erst wenn die inneren Unreinheiten durch Tränen weg gewaschen wurden, können wir mit offenem Herzen lächeln. Dann wird wahre Freude erwachen.

197

Sadhana ist wichtig. Obwohl im Samenkorn die Pflanze schon enthalten ist, geht er nur bei richtiger Kultivierung auf (Düngen, Gießen usw.). Ebenso kommt die höchste Wahrheit, die in allen Lebewesen vorhanden ist, erst durch spirituelle Praxis zum Vorschein.

198

Wird eine Pflanze in die Erde gesetzt, aber nicht richtig gepflegt, verdorrt sie. Kümmert man sich jedoch entsprechend, nimmt sie keinen Schaden und gedeiht gut, so dass selbst bei Abschneiden der Spitze viele neue Zweige treiben. Wie schwer es einem Sadhak auch fallen mag, die Regeln zu befolgen, er sollte sie in den Anfangsstadien einhalten. Nur dann wird er sich weiter entwickeln.

199

Es ist gut für einen spirituell Suchenden, wenigstens einmal im Monat Elendsviertel, Krankenhäuser usw. zu besuchen. Durch solche Besuche wird er Verständnis für das Elend im Leben entwickeln, wodurch Mitgefühl und innere Stärke entstehen.

200

Sobald Milch sich gesetzt hat, sollte man sie ruhig stehen lassen. Nur dann wird sie zu Yoghurt, aus dem man Butter gewinnen kann. In den Anfangsstadien der geistigen Übungen ist Einsamkeit notwendig.

201

Wurde Saat gesät, sollte man Acht geben, dass die Hühner sie nicht aufpicken. Nach dem Keimen sind sie nicht mehr gefährdet. Anfangs sollte ein Suchender an niemandem hängen. Wer als Haushälter lebt, sollte darauf besonders achten. Verschwendet keine Zeit durch Unterhaltungen mit den Nachbarn, setzt euch alleine hin und wiederholt euer Mantra, singt Bhajans oder meditiert, sobald die Zeit es erlaubt.

202

In der Tiefe des Meeres gibt es keine Wellen. Brandungswellen gibt es nur in den flachen Küstenzonen. Wer Vollkommenheit erlangt hat, ist ruhig. Probleme verursachen Menschen mit wenig Wissen, die nur zwei oder drei Bücher gelesen haben.

203

Die Meereswellen lassen sich nicht beseitigen. Ebenso wenig können die Gedanken mit Gewalt unterbunden werden. Sobald der Geist an Tiefe und Weite gewinnt, legen sich die Gedankenwellen von alleine.

204

Kinder, in einem Samenkorn sind sowohl das Reale, als auch das Unwirkliche enthalten. Wurde es gesät, wird die Schale aufbrechen und es entsteht eine Einheit mit der Erde. Die Kernsubstanz des Samens keimt und wächst.

In ähnlicher Weise sind sowohl das Reale als auch das Unwirkliche in uns enthalten. Wenn wir in unserem Leben an der Wirklichkeit festhalten, wird uns nichts belasten und wir gewinnen an Weite. Halten wir uns an das Unwirkliche, können wir nicht wachsen.

205

Die ganze Welt ist der Reichtum eines Menschen, der die Wirklichkeit erkannt hat. Er kann nichts als getrennt von sich selbst ansehen.

206

Die Handlungsweise bestimmt den Wert eines Menschen. Selbst jemand, der eine gute Erziehung und Stellung hat, wird von niemandem respektiert, wenn er stiehlt. Der Fortschritt eines Sadhaks sollte an seiner Lebensweise gemessen werden.

207

Habt ihr nicht gesehen, wie Soldaten und
Polizisten sogar bei Regen und voller Sonne
wie Statuen stehen? Ähnlich sollte auch ein
Sadhak, ganz gleich, wo er steht, sitzt oder
sich niederlegt, vollkommene Ruhe bewah-
ren. Hände, Beine oder Körper sollten nicht
unnötig bewegt werden. Für diesen Zweck
ist es hilfreich, sich vorzustellen, der Körper
sei leblos Durch Übung wird dies schließlich
zur Gewohnheit.

208

Wer ein Boot aufs Meer über die Brandungswellen hinaus fahren möchte, rudert
mit geschlossenen Augen. Die am Strand
stehenden Leute, winken zur Ermutigung
mit den Armen und rufen dem Boot laut zu.
Der Ruderer wird dem keine Aufmerksamkeit
schenken. Er ist voll darauf konzentriert, das
Boot aus dem Zugriff der Wellen hinaus zu

bringen. Jenseits der Uferbrandung hat er nichts mehr zu befürchten. Falls nötig, kann er sich sogar ein paar Minuten lang auf den Rudern ausruhen. Genauso befindet auch ihr euch inmitten der Wellen. Geht mit Wachsamkeit voran, ohne auf andere Dinge zu achten. Behaltet das Ziel im Auge, und ihr werdet es erreichen.

209

Ein spiritueller Aspirant sollte beim Umgang mit dem anderen Geschlecht sehr achtsam sein. Es ist wie bei einem Wirbelwind - man wird sich der Gefahr erst bewusst, wenn man in die Luft gehoben und auf den Boden geschleudert wurde.

210

Kinder, Wasser ist farblos, aber ein See oder ein Teich weist die Farbe des Himmels auf. In ähnlicher Weise sehen wir aufgrund unserer

eigener Charakterschwächen die schlechten
Eigenschaften anderer. Bemüht euch, immer
die guten Seiten zu sehen.

211

Es ist besser, wenn ein Sadhak nicht an
Hochzeiten oder Begräbnissen teilnimmt.
Bei Hochzeiten denken vom Kind bis zum
alten Mann alle an Heirat. Bei Beerdigungen
trauern alle um den Verlust eines sterblichen
Wesens. Die Gedankenschwingungen an beiden Orten sind für einen spirituell Suchenden
schädlich. Sie dringen ins Unterbewusstsein
und bewirken Unruhe aufgrund von Dingen,
die eigentlich der Realität entbehren.

212

Ein spiritueller Mensch sollte sich wie der
Wind verhalten - er weht ohne Vorliebe
sowohl über duftende Blumen, als auch über
stinkende Exkremente. Ebenso sollte ein

Sadhak weder an Leuten hängen, die ihm Zuneigung schenken, noch sollte er Abneigung jenen gegenüber verspüren, die ihn beschimpfen. Für ihn hat jeder den gleichen Wert. Er sollte in allem Gott sehen.

213

Es ist nicht gut, tagsüber zu schlafen. Wenn wir erwachen, fühlen wir uns erschöpft. Erheben wir uns am Morgen nach nächtlichem Schlaf, fühlen wir uns aufgetankt. Ursache für den schlechten Schlaf am Tag sind die unreinen Gedankenschwingungen, die tagsüber die Atmosphäre erfüllen, während die Nachtluft viel weniger verunreinigt ist. Deshalb ist es optimal, wenn spirituelle Aspiranten nachts meditieren. Fünf Stunden Meditation in der Nacht sind ebenso effektiv wie zehn Stunden am Tag.

214

Womit ihr auch beschäftigt seid, stellt euch vor, dass die von euch verehrte Gottheit immer neben euch geht und euch anlächelt. Kinder, was immer euch bekümmern mag, betrachtet die Natur und stellt euch die geliebte Gottheit in den Bäumen, in den Bergen oder an anderen Stellen vor. Sprecht mit ihr, teilt eure Gefühle mit. Visualisiert sie ebenfalls am Himmel und ruft oder weint nach Ihr (männliche oder weibliche Gottheit). Warum solltet ihr jemand anderem von eueren Kümmernissen erzählen?

215

Stehen wir neben jemandem, der spricht, so erzeugt das eine bestimmte Aura um uns herum. Durch schlechte Gesellschaft entsteht eine negative Aura, die zur Vermehrung unreiner Gedanken beiträgt. Deshalb sagt man, dass Satsang (Zusammensein mit

Heiligen und (oder) spirituelle Unterweisungen) notwendig ist.

216

Fällt der Blick eines Bildhauers auf ein Stück Holz oder Stein, sieht er ausschließlich das Bildnis, das geschnitzt oder gemeißelt werden kann. Andere hingegen erblicken lediglich Stein oder Holz. In ähnlicher Weise sollte ein spirituell Suchender zwischen Ewigem und Vergänglichem unterscheiden und achtsam leben. Es ist wesentlich, sich nur an das Ewige zu halten. Das Ewige ist Gott; weltliche Dinge sind vergänglich.

217

Kinder, durch die Nacktheit eines Kindes werden wir nicht in Versuchung geraten. Mit der gleichen Einstellung sollten wir auf jeden Menschen blicken können. Alles hängt von unserer Geisteshaltung ab.

218

Am Anfang solite ein Sadhak achtsam sein. Die günstigste Zeit zum Meditieren ist morgens bis elf Uhr und abends nach fünf Uhr. Unmittelbar nach der Meditation sollte man nicht gleich aufstehen, sondern sich mindestens zehn Minuten in Savasana (Totenstellung) hinlegen. Selbst wenn man nur eine Stunde lang meditiert, ist es wichtig, hinterher mindestens eine halbe Stunde lang nicht sprechen. Nur diejenigen, die sich daran halten, werden den vollen Nutzen aus der Meditation ziehen.

219

Nachdem man eine Spritze bekommen hat, dauert es eine Weile, bis sich der Wirkstoff im Körper verteilt hat. Das gleiche gilt für die Meditation. Deshalb sollte man einige Zeit schweigen, nachdem man spirituelle Übungen durchgeführt hat. Wenn man nach zwei

Stunden Meditation anfängt, über weltliche Dinge zu sprechen, geht alles verloren, was gewonnen wurde. Selbst fünf Jahre Meditation in dieser Weise bringen keinen Nutzen.

220

Wenn jemand über nutzlose Dinge redet und unsere Zeit vergeudet, sollten wir entweder das Mantra wiederholen oder uns auf die verehrte Gottheit konzentrieren. Stellt euch vor, die Person die zu euch spricht, sei eure geliebte Gottheit oder zeichnet ein Dreieck auf den Boden und stellt euch vor, eure Gottheit stehe dort. Nehmt kleine Steine, die Blumen repräsentieren und bringt sie den Füßen der Gottheit dar. Man sollte mit anderen nur über spirituelle Dinge reden. Wer Spiritualität schätzt, wird zuhören. Die anderen werden den Ort sofort verlassen. Auf diese Weise geht keine Zeit verloren.

221

Kinder, der bloße Atem eines spirituellen Aspiranten genügt, um die Atmosphäre zu reinigen. Solch eine Kraft liegt darin. Es mag zwar noch einige Zeit dauern, aber die Wissenschaft wird diese Tatsachen mit Sicherheit entdecken. Erst dann werden die Leute völlig daran glauben.

222

Die Menschen sind nicht die einzigen Lebewesen, die sprechen können. Tiere, Vögel und Pflanzen verfügen ebenfalls über diese Fähigkeit. Allerdings sind wir nicht in der Lage, sie zu verstehen. Wer das Selbst erblickt hat, weiß um all diese Dinge.

223

Wasser in Gräben und Teichen stagniert. Dort vermehren sich Keime und Insekten, wodurch viele Menschen erkranken. Die Lösung besteht darin, eine Verbindung zum Meer herzustellen, damit das Wasser dorthin fließen kann. Eine Parallele dazu sind heutzutage die Menschen, die mit sehr viel Ego leben. Ihre unreinen Gedanken verursachen Leid für viele Personen. Unser Ziel besteht darin, das enge Bewusstsein des Menschen zu weiten und ihn zur höchsten Wahrheit zu führen. Jeder von uns sollte bereit sein, dafür Opfer auf sich zu nehmen. Aber nur mit der Kraft, die durch Sadhana gewonnen wird, erlangen wir die Fähigkeit, andere zu führen.

224

Gleichmut ist Yoga (Einheit mit Gott). Sobald Gleichmut erreicht ist, wird ein ununterbrochener Gnadenstrom erfahren. Spirituelle Übungen erübrigen sich dann.

Der spirituelle Aspirant und seine Familie

225

Kinder, wenn es niemanden gibt, der sich um die Eltern kümmern kann, fällt die Verantwortung auf den Sohn, auch wenn dieser den spirituellen Weg gewählt hat. Man sollte seine Eltern als sein eigenes Selbst betrachten und ihnen entsprechend dienen.

226

Wenn die Eltern ein Hindernis für das spirituelle Leben sind, braucht man ihnen nicht zu gehorchen.

227

Ist es richtig, ein spirituelles Leben aufzunehmen, auch wenn dies Ungehorsam den Eltern gegenüber bedeutet? Nehmen wir an, ein junger Mann muss an einen weit entfernten Ort gehen, um Medizin zu studieren, aber die Eltern sind damit nicht einverstanden. Wenn der Sohn nicht gehorcht, sondern studiert und Arzt wird, kann er Tausende vor dem Tod retten, auch seine Eltern. Sein Ungehorsam kommt der Welt zugute. Das kann keinen Schaden bringen. Hätte er seinen Eltern gehorcht und nicht studiert, könnte er zwar für sie sorgen, aber nicht vor dem Tode retten. Wahre Rettung bedeutet allerdings, einen Menschen für immer vom Tod zu befreien, d.h., ihn zur Unsterblichkeit zu führen. Nur ein spiritueller Mensch kann die Welt selbstlos lieben und sich uneigennützig einsetzen. Gingen nicht Shankaracharya und Ramana Maharshi zu ihren Müttern, um sie zu retten und auf ewig zu erlösen?[1]

---

[1] Beide große Heilige verließen ihr Zuhause in jungen Jahren und kehrten zur Rettung ihrer Eltern schließlich zurück. Nach einer Trennung von vielen

Ramana Maharshi lud seine Mutter ein, bei ihm zu bleiben, als seine Sadhanazeit vorüber war und er einen Aufenthaltsort hatte. Sie lebte bis zu ihrem Tod bei ihrem Sohn in Tiruvannamalai. Sie ging zu diesem Zeitpunkt dank seiner Gnade in Gott ein.

228

Hat man einmal den spirituellen Weg gewählt, sollte man die Bindung an Familie und Verwandte aufgeben. Sonst wird kein Fortschritt möglich sein. Wenn ein Boot verankert ist, kann es sich nicht vorwärts bewegen, wie sehr wir auch rudern. Habt ihr euer Leben Gott geweiht, solltet ihr den festen Glauben haben, dass Er für die Familie sorgen wird.

Jahren besuchte Sankaracharya seine Mutter am Totenbett und segnete sie mit einer Vision Gottes.

229

Kinder, wer sind unsere wahre Mutter und unser wirklicher Vater? Sind es diejenigen, die unseren Körper geboren haben? Niemals. Sie sind nur unsere Pflegeeltern. Die echte Mutter und der wahre Vater sind diejenigen, die ein sterbendes Kind ins Leben zurück bringen können. Und das kann nur Gott allein. Daran sollten wir uns immer erinnern.

230

Kleine Pflanzen, die im Schatten von großen Bäumen wachsen, können eine Zeitlang gut gedeihen. Aber wenn der Baum seine Blätter verliert, beginnen schlechte Zeiten für die kleinen Pflanzen. Sie welken in der heißen Sonne dahin. Ähnlich ergeht es denen, die im Schatten von Verwandten wachsen.

Familienleben

231

Heutzutage gleichen die Liebe und Hingabe an Gott der Zuneigung, die den Nachbarn entgegen gebracht wird. Wenn uns die Nachbarn nicht geben, was wir wollen, geraten wir mit ihnen in Streit. Gott gegenüber verhalten wir uns ebenso. Erfüllt er unsere nichtigen Wünsche nicht, stellen wir Japa, bzw. Gebete ein.

232

Wir setzen uns sehr dafür ein, einen Gerichtsprozess zu gewinnen! Wie lange stehen wir an, erdulden oft sogar viele Fußtritte, Stöße und Knuffe, nur um eine Kinokarte zu bekommen? All diese Unannehmlichkeiten ertragen wir freiwillig für ein wenig äußeres Vergnügen. Brächten wir solche Opfer für das spirituelle Leben, so wäre es ausreichend, um in den Genuss der ewigen Glückseligkeit zu gelangen.

233

Nehmen wir einmal an, ein Kind schneidet sich in die Hand. Sagen wir dann: „Du bist weder der Körper, noch Gemüt oder Verstand", wird es dies nicht verstehen und nur weinen. Ebenso unnütz ist es, einem weltlichen Menschen zu sagen „Du bist nicht der Körper, du bist Brahman (die höchste Wirklichkeit). Die Welt ist nicht real." Vielleicht kann dadurch eine kleine Veränderung bewirkt werden, aber besser ist es, praktische Ratschläge zugeben, die im täglichen Leben angewendet werden können.

234

Kinder, viele von denen, die beim Anhören eines spirituellen Vortrages spontan Freude an Spiritualität finden, sind dennoch nicht in der

Lage, ein stabiles spirituelles Leben zu führen.
Wie lange wir auch auf eine Feder drücken,
sie wird sofort wieder in ihre ursprüngliche
Form zurückschnellen, sobald wir den Druck
nachlassen.

235

Kinder, heutzutage scheint niemand Zeit zu
haben, Tempel oder Ashrams zu besuchen,
bzw. Sadhana zu praktizieren. Aber wenn
unser Kind erkrankt, sind wir bereit, beliebig
lange und ohne Schlaf auf der Veranda des
Krankenhauses zu warten. Für einen Qua-
dratmeter Land sind wir gewillt, viele Tage
in Sonne oder Regen vor einem Gericht zu
warten, und nicht einmal an Frau und Tochter
zu denken Wir haben die Zeit, stundenlang
in einem Geschäft zu warten, nur um eine
Nadel im Wert von fünf Pfennigen (Paisa) zu
kaufen. Aber wir nehmen uns nicht die Zeit,

zu Gott zu beten. Kinder, wer Gott liebt, hat automatisch Zeit für spirituelle Übungen.

236

Wer behauptet, es sei nicht genügend Zeit für Mantrarezitation? Geht man irgendwo hin, kann man Japa machen - mit einer bestimmten Anzahl von Schritten pro Mantra. Ist es nicht möglich, sich beim Busfahren mit Japa zu beschäftigen und sich die Gestalt der verehrten Gottheit am Himmel vorzustellen? Man kann dabei auch die Augen schließen. Auf diese Weise wird keine Zeit vergeudet, da die Aufmerksamkeit nicht durch interessante Dinge am Straßenrand beansprucht wird. Auch bei der Hausarbeit lässt sich Japa praktizieren. Bei entsprechendem Interesse findet man immer die Zeit für alles.

237

Gegen Schlaflosigkeit gibt es Schlaftabletten. Um seinen Kummer zu vergessen, kann man leicht an Rauschmittel wie Alkohol und Marijuana kommen. Außerdem gibt es Kinos. Deshalb sucht heutzutage niemand mehr nach Gott. Den Menschen ist nicht bewusst, dass sie durch diese Rauschmittel zerstört werden. Durch deren Konsum verringert sich die Wassermenge im Gehirn. Dadurch fühlt man sich berauscht. Bei ständigem Gebrauch dieser Stoffe beginnen die Nerven im Körper sich aufgrund des Wasserentzugs zusammen zu ziehen. Nach einiger Zeit wird man aufgrund von Zittrigkeit und Müdigkeit nicht einmal mehr gehen können. Der Mensch verliert seine Vitalität und Ausstrahlung. Schrittweise Degeneration ist die Folge. Die Kinder leiden dann in gleicher Weise.

238

Kinder, unserer Innenleben benötigt eine Klimaanlage, nicht das Zimmer. Leute begehen Selbstmord in klimatisierten Räumen. Würden sie das tun, wenn Luxusartikel ihnen Glück vermittelten? Wahres Glück kann nicht durch äußere Dinge erlangt werden.

239

Bekommt ein Hund einen Knochen, wird er daran kauen. Wenn er Blut schmeckt, meint er, es käme aus dem Knochen, und weiß nicht, dass es in Wirklichkeit aus seinem eigenen verletzten Zahnfleisch stammt. In gleicher Weise suchen wir Glück in äußeren Dingen und vergessen die Tatsache, dass das wahre Glück in uns liegt.

240

Einen Zaun wird man nicht aus Ästen eines gut tragenden Obstbaumes errichten. Für diesen Zweck verwendet man nur nutzlose Bäume. Wird der Wert des Lebens verstanden, so verschwendet man es nicht mit sinnlichen Vergnügungen.

241

Es gibt keinen bestimmten Zeitpunkt, an dem ein Haushälter mit dem spirituellen Leben beginnen sollte. Am besten beginnt man, wenn der Wunsch danach auftaucht. Das Bedürfnis danach braucht nicht erzeugt zu werden, es kommt von alleine. Beim Brüten sollte das Ei nicht aufgepickt werden, sondern man sollte warten, bis es sich von selbst öffnet. Sind Frau und Kinder gut versorgt und ist die entsprechende Losgelöstheit vorhanden, kann der Familienvater mit dem spirituellen Leben beginnen. Danach sollte er seinem Heim keinen Gedanken mehr widmen.

242

In alten Zeiten pflegten die Leute ihren Kindern beizubringen, was ewig und was vergänglich ist. Sie lehrten, dass Gottverwirklichung das Ziel des Lebens sei. Die Kinder erhielten eine Erziehung, die sie in die Lage versetzte, sich selbst zu erkennen. Heutzutage ermutigen Eltern ihre Kinder nur zum Geldverdienen. Als Folge davon kümmert sich weder der Vater um den Sohn, noch der Sohn um den Vater. Es gibt Anfeindungen und Streit unter ihnen. Die Menschen schrecken nicht einmal davor zurück, andere aus selbstsüchtigen Gründen zu töten.

243

Kinder, ohne spirituelle Übungen ist keine Gottverwirklichung möglich; aber niemand ist bereit, danach zu streben. In Fabriken arbeiten die Arbeiter während der Nachtschicht ohne zu schlafen. Sie werden aufgrund von

Müdigkeit nicht unachtsam. Durch Unvorsich-
tigkeit würden sie eine Hand oder einen Fuß
verlieren und außerdem noch ihre Stellung.
Diese Art der Wachsamkeit, verbunden mit
Nicht-Anhaftung sollte auch im spirituellen
Leben vorhanden sein.

244

Kleine Kinder fürchten bei Sonnenuntergang,
dass die Sonne verloren geht. Bei Sonnenauf-
gang freuen sie sich über ihre Rückkehr. Sie
kennen die Umstände, die Sonnen-auf- und
-Untergang verursachen nicht. In der gleichen
Weise freuen wir uns über Gewinne und sind
bei Verlusten bekümmert.

245

Wir können einen Mann beobachten, der
in einem winzigen Boot Enten über einen
Fluss leitet. Das Boot ist so klein, dass er
kaum seine Beine ausstrecken kann und

selbst unachtsames Atmen schon ein Kentern bewirken würde. Wenn die Enten zu weit weg schwimmen, schlägt er aufrecht stehend mit dem Ruder auf das Wasser, um sie mit diesem Geräusch herbei zu holen. Das Wasser, das ins Boot eindringt, schöpft er mit seinen Füßen heraus. Er unterhält sich auch mit Leuten, die am Ufer stehen. Ab und zu raucht er. Trotz all dieser Aktivitäten, achtet er ständig auf das Boot. Selbst bei der kleinsten Unachtsamkeit würde das Boot sofort umkippen und er ins Wasser fallen. Kinder, in ähnlicher Weise sollten wir in der Welt leben und bei allen Tätigkeiten unsere Aufmerksamkeit auf Gott gerichtet halten.

246

Der Folkloretänzer vollführt mit einem Topf auf dem Kopf viele verschiedene Kunststücke. Er tanzt und führt Rollen auf dem Boden aus, aber der Topf verrutscht nicht.

Die Konzentration des Tänzers weilt ununterbrochen beim Topf. Ebenso wird es durch spirituelle Übung möglich, das Bewusstsein bei jeder Arbeit auf Gott gerichtet zu halten.

247

Betet zu Gott, indem ihr in Einsamkeit zu ihm weint. Verletzt man sich am Körper, weilt die Aufmerksamkeit zwangsläufig bei der Wunde. In ähnlicher Weise sind wir von 'Bhava Roga', der Krankheit der Seelenwanderung, d. h. von Geburt, Tod und Wiedergeburt, befallen. Wir sollten ernsthaft wünschen, von dieser Krankheit geheilt zu werden. Nur so können unsere Gebete aufrichtig sein. Das Herz muss vor Liebe zu Gott dahinschmelzen.

248

Brahma, Vishnu und Shiva[2] erschaffen, erhalten bzw. zerstören unsere Wünsche. Der Mensch erschafft und nährt Wünsche, zerstört sie jedoch nicht. Das ist jedoch notwendig, Kinder.

249

Beschäftigte in Büros und Banken handhaben Millionen von Rupien, aber es ist ihnen bewusst, dass das Geld nicht ihnen gehört. Sie wissen auch, dass die Kunden nicht zu ihren Verwandten gehören. Sie sind sich darüber im Klaren, dass die ihnen entgegen gebrachte Liebenswürdigkeit auf Eigeninteresse beruht. Was auch immer die Kunden sagen, berührt sie deshalb nicht. Wir sollten genauso leben.

---

[2] Brahma, Vishnu und Shiva sind drei Aspekte Gottes. Sie stehen für Schöpfung, Erhalten und Auflösung des Universums.

Begreifen wir, dass nichts in der Welt uns gehört, verschwinden alle Probleme.

250

Durch Zielbewusstsein entsteht die für Fortschritt unerlässliche Konzentration.

251

Der Mangokern ist bitter, aber wenn man ihn richtig zubereitet, kann man daraus viele verschiedene Gerichte kochen. Das erfordert Mühe. Der Srimad Bhagavatam (das heilige Buch über Sri Krishnas Leben und Lehren) ist ein Buch für spirituell Suchende. Der aufmerksame Leser kann darin alle spirituellen Prinzipien entdecken. Für die anderen ist es nicht mehr als eine Geschichte. Es ist nicht gut, das Srimad Bhagavatam laut vorzulesen, um damit Geld zu verdienen. Aber wenn ein Familienvater große Geldprobleme hat, ist es nicht falsch, das Buch gegen Entgelt vorzulesen.

252

Um an einem Ort angenehm leben zu können, müssen wir den Bereich sauber halten, den Abfall verbrennen, usw. Nur in einer sauberen Umgebung ist es uns möglich, Japa auszuführen und zu meditieren. Andernfalls wird uns der stinkende Abfall ruhelos machen. Homas und Yagnas (Opferzeremonien) werden zur Reinigung der Atmosphäre durchgeführt. Gott hat keinen Bedarf an Homas und Yagnas.

253

Im Namen der Politik wird nicht gezögert, einen Mord zu begehen oder riesige Geldsummen zu verbrauchen. Millionen wurden für eine Handvoll Steine vom Mond investiert, aber zur Durchführung von Homas und Yagnas ist kein Geld vorhanden. Diese heiligen Opfer nicht durchzuführen ist akzeptabel, aber sie zu verurteilen, ohne ihren Nutzen zu verstehen, ist absurd und beruht auf Unwissenheit.

254

Kinder, man kann nebeneinander ein weltliches und spirituelles Leben führen. Es ist jedoch wichtig, fähig zu sein, ohne Anhaftung oder Erwartungshaltung zu handeln. Leid entsteht dann, wenn wir meinen: „Ich habe dies getan, ich muss den Lohn dafür erhalten." Wir sollten niemals glauben, dass Frau und Kind unser Eigentum sind. Denken wir, dass alles Gott gehört, werden wir an nichts anhaften. Wenn wir sterben, begleiten uns weder Frau noch Kind. Gott ist die einzige Wahrheit.

255

Wie viel Reichtum wir auch besitzen mögen, es wird daraus nur Leiden entstehen, solange wir seinen Wert und seine Verwendung nicht richtig verstehen. Selbst bei grenzenlosem Reichtum wird die Freude daran nur vorübergehend sein. Reichtum kann kein dauerhaftes Glück schenken. Besaßen die Könige Kamsa und Hiranyakashipu nicht große Reichtümer? Verfügte Ravana über inneren Frieden, obwohl er alles besaß? Sie kamen alle vom Weg der Wahrheit ab und lebten in Überheblichkeit. Sie taten so viele verbotene Dinge. Als Folge davon verloren sie Ruhe und Frieden.

256

Amma sagt nicht, dass man sein Vermögen weggeben sollte. Wenn wir verstehen, wie man mit Reichtum richtig umgeht, werden Glück und Frieden zu unserem Kapital. Kinder, für diejenigen, die sich Gott völlig hingegeben haben, ist Reichtum wie gekochter Reis, der in den Sand gefallen ist.

Leidfreiheit

257

Der Auswirkung einer jeden Tat kann durch eine andere Handlung entgegen gewirkt werden. Kann man einen in die Luft geworfenen Stein nicht auffangen, bevor er zu Boden fällt? Ebenso kann die Folge jeder Handlung in ihrem Verlauf verändert werden. Es ist nicht notwendig, über sein Schicksal zu brüten und sich zu sorgen. Durch Gottes Entschluss kann ein Horoskop geändert werden. Zeigt z.B. ein Horoskop eine starke Neigung zur Ehe, so kann dies geändert werden, wenn man von früher Jugend an Sadhana praktiziert und sich regelmäßig an Satsangs beteiligt. Selbst in den Epen finden sich dafür Beispiele.

258

Jemand, der flussabwärts fährt, zerbricht sich nicht den Kopf über Ursprung des Flusses.

In der Vergangenheit mögen wir viele Fehler begangen haben. Es ist nutzlos, jetzt über diese Dinge nachzugrübeln und sich Sorgen zu machen. Bemüht euch um die Gestaltung der Zukunft, denn das ist es, was notwendig ist.

259

Weist eine verfaulte Kartoffel auch nur einen kleinen gesunden Teil auf, wird sie an dieser Stelle keimen. Desgleichen können wir wachsen, wenn eine Spur Samskara (spirituelle Veranlagung) in uns vorhanden ist, indem wir uns an daran halten. Denkt niemals: „Ich bin ein Sünder und zu nichts fähig."

260

Die ganze Zeit haben wir den Körper für die Wirklichkeit gehalten, wodurch Leid verursacht wurde. Nun lasst uns das Gegenteil denken: Der Atman (das Selbst oder die Seele) ist ewig, der Atman muss verwirklicht werden. Sobald dieser Gedanke fest verankert ist, verschwindet unser Leid und es wird nur noch Glückseligkeit geben.

261

Trägt jemand eine schwere Last, wird ihm allein schon der Gedanke, dass sich ein Rastplatz in der Nähe befindet, Erleichterung bringen. Andererseits wird das Gewicht schwerer bei der Vorstellung, dass er weit entfernt ist. Desgleichen wird unsere Bürde leichter, wenn wir denken, dass Gott in uns wohnt. Warum sollten wir das Gepäck weiterhin tragen, wenn wir ein Boot oder einen Bus bestiegen haben? Stellt es ab! Widmet auf diese Weise alles Gott. Er wird uns schützen.

262

Wohin wir auch gehen, finden wir in anderen Fehler und Mängel. Wir verlieren dadurch unsere innere Ruhe. Wir sollten diese

Gewohnheit ändern, indem wir die Fehler der anderen vergessen, ihre guten Eigenschaften suchen und schätzen. Das ist wichtig. Seht überall immer die guten Seiten, dann wird alles Leid ein Ende finden.

263

Nehmen wir einmal an, wir fallen in ein Loch. Schlagen wir dann unsere Augen, weil sie uns nicht richtig geführt haben? Genauso, wie wir unser mangelhaftes Sehvermögen ertragen, sollten wir mit den Fehlern der anderen Geduld haben und freundlich zu ihnen sein.

Vasanas

(Angeborene Neigungen)

264

Auch wenn sich nur eine einzige Ameise im Zucker befindet, sollte man sie entfernen, sonst werden weitere folgen. In ähnlicher Weise genügt eine Spur an Selbstsucht, um anderen Vasanas den Weg zu bereiten.

265

Das Ausmerzen von Vasanas und die Auflösung des Egos sind ein und dasselbe. Das entspricht der Erlösung.

266

Die erste Neigung in einer individuellen Seele (Jiva) stammt von Gott. Damit beginnt Karma. Daraus ergeben sich weitere Geburten. Auf diese Weise dreht sich das Rad des Kreislaufes von Geburt und Tod stets weiter.

Nur durch Auslöschen der Vasanas kann man entkommen. Spirituelle Aktivitäten wie Satsang, Bhajansingen, Meditation usw. helfen uns dabei.

267

Bis zur Erlangung der Befreiung (Jivanmukti) sind Vasanas vorhanden. Erst im Zustand von Jivanmukti sind alle Neigungen ausgelöscht. Bis wir diesen Zustand erreicht haben, sollten wir höchste Unterscheidungskraft einsetzen, denn es ist jederzeit möglich zu fallen. Wer auf verkehrsreichen Straßen fährt, muss sehr achtsam sein. Schweifen die Augen auch nur einen Augenblick ab, kann es zu einem Unfall kommen. Wenn man über offenes Gelände fährt, gibt es nichts zu fürchten, da nur der Fahrer und das Fahrzeug vorhanden sind. Zu Beginn des spirituellen Lebens ist alles gefährlich, man sollte äußerste Vorsicht walten lassen. Im Jivanmukti-Zustand ist nur noch das reine Selbst vorhanden. Es gibt dann keine Dualität und somit auch keine Gefahr mehr.

268

Die Neigungen einer befreiten Seele sind keine Vasanas im eigentlichen Sinne. Ihr Ärger z.B. ist nur eine äußere Show. Innen sind sie sehr rein. Ungelöschter Kalk (Kalziumkarbonat) scheint eine Form zu haben; sobald man ihn jedoch anfasst, zerbröselt er.

269

Kinder, nur der spirituelle Meister kann unsere Vasanas völlig beseitigen. Andernfalls müsste man von Geburt an eine starke spirituelle Veranlagung (Samskara) haben. Der Schakal mag denken: „Ich werde nicht mehr heulen, wenn ich einen Hund sehe", aber sobald er einen Hund erblickt, fällt er ins alte Muster zurück. Mit Vasanas verhält es sich genauso.

270

Es ist nicht einfach, den Gedankenfluss auszu-schalten. Das ist ein fortgeschrittenes Stadium. Durch Vermehrung reiner Gedanken, können unreine ausgemerzt werden.

271

Haben wir in einem Behälter Salzwasser und gießen immer wieder reines Wasser hinzu, wird das Salzwasser seinen salzigen Charakter allmählich verlieren. In ähnlicher Weise kann man durch gute Gedanken nach und nach schlechte Vasanas beseitigen.

Siddhis

(Übersinnliche Kräfte)

272

Kinder, das Demonstrieren übersinnlicher Kräfte über ein bestimmtes Maß hinaus geht wider die Natur. Die Menschen fühlen sich davon angezogen. Verwirklichte Seelen vermeiden es so weit wie möglich, Siddhis zu zeigen. Entschließen sie sich dazu, verlieren sie dabei keine Energie. Wenn die Kraft, die zur Ausführung eines Wunders gebraucht wird, dazu verwendet wird, einen Menschen in einen Sannyasin zu verwandeln, wird das der Welt zugute kommen. Hunger nach Wundern lenkt vom Ziel ab.

273

Verwirklichte Seelen vermeiden es generell, Wunder zu zeigen. Wenn es überhaupt geschieht, dann selten. Unter besonderen

Umständen ergeben sich Siddhis spontan. Sie sind nicht dazugedacht, Zuschauer zu unterhalten. Lauft keinen Wundern hinterher, denn sie sind nichts Dauerhaftes. Göttliche Inkarnationen kommen, um Wünsche aufzulösen, und nicht, um neue zu schaffen.

Samadhi

274

Kinder. Sahaja Samadhi (natürliches Verweilen im Selbst) bedeutet Vollkommenheit. Jemand, der in diesem Zustand verankert ist, sieht in allem das göttliche Prinzip. Er nimmt überall nur reines, von Maya freies Bewusstsein wahr. Geradeso wie ein Bildhauer in einem Stein nur das Bildnis sieht, das man daraus meißeln kann, sehen große Seelen in allem nur die alles-durchdringende Göttlichkeit.

275

Stellt euch vor, dass es in uns einen Gummiball und einen Ring gibt. Der Ball springt unaufhörlich auf und ab. Er entspricht unserem Gemüt, der Ring unserem Ziel. Manchmal bleibt der Ball im Ring stecken und verharrt dann bewegungslos. Das repräsentiert Samadhi. Aber der Ball bleibt nicht für immer dort, er wird wieder auf und nieder springen wie zuvor. Irgendwann erreicht man schließlich den Samadhi-Zustand, bei dem der Ball ständig im Ring bleibt. Das nennt man Sahaja Samadhi.

276

Durch Meditation über eine Gestalt kann man Savikalpa Samadhi erreichen (Wahrnehmung der Wirklichkeit unter Beibehaltung eines Gefühls von Dualität). Beim Anblick der geliebten Gottheit ist das Ichgefühl noch vorhanden. Folglich befindet man sich im Bereich der Dualität. Bei der formlosen Meditation gibt es keine Spur von Ich-Bewusstsein mehr, da die Dualität dann vollkommen ausgelöscht ist.

277

Im Zustand von Nirvikalpa-Samadhi gibt es kein Individuum, das sagen könnte: „Ich bin Brahman". Man ist damit verschmolzen. Wenn ein gewöhnlicher Mensch Nirvikalpa-Samadhi erreicht, wird er seinen Körper aufgeben. Da beim Eingehen in Samadhi kein Entschluss (wiederzukehren) gefasst wurde, verlässt man der Körper augenblicklich. Öffnet man eine Flasche Sodawasser, vermischt sich das freigesetzte Gas mit einem lauten 'Pop' mit der Luft außerhalb der Flasche. In ähnlicher Weise geht der Mensch für immer in Brahman ein. Nur göttliche Inkarnationen können ihren Körper nach dem Erreichen von Nirvikalpa Samadhi beibehalten. Sie sind sich des Zweckes ihrer Inkarnation bewusst und unter Aufrechterhaltung ihres Entschlusses, kommen sie immer wieder auf die Erde herab.

278

Kinder, für göttliche Inkarnationen gibt es keine Unterschiede wie Nirvikalpa-Samadhi oder Zustände darüber oder darunter. Avatare haben nur einige wenige Beschränkungen, die sie sich selbst auferlegt haben, um den Zweck ihrer Inkarnation zu erfüllen.

279

Selbst nach dem Eingehen in Nirvikalpa-Samadhi sind nicht alle gleich. Es gibt einen Unterschied zwischen einem spirituellen Aspiranten, der den Samadhi-Zustand erreicht hat und einer göttlichen Inkarnation (Avatar). Der Unterschied kann mit zwei Personen verglichen werden, von denen die eine Bombay nur besucht hat, während die andere dort lebt. Die Frage, ob sie je in Bombay gewesen sind, werden beide bejahen. Derjenige, der ständig dort lebt, kennt die Örtlichkeiten jedoch gründlich.

280

Wisst ihr, wie der Samadhi-Zustand ist? Einzig und allein Glückseligkeit. Weder Freude noch Leid. Es existieren weder „ich" noch

„du". Man kann diesen Zustand mit Tiefschlaf vergleichen, es gibt jedoch einen Unterschied. In Samadhi ist man bei vollem Bewusstsein. Erst beim Erwachen tauchen „ich", „du" und die Welt auf. Aufgrund unserer Unwissenheit verleihen wir ihnen Realität.

281

Es ist unmöglich, die Erfahrung von Brahman (Gott) zu beschreiben. Es handelt sich um eine rein subjektive Erfahrung. Schon bei weltlichen Erfahrungen kann es schwierig sein, sie in Worte zu fassen. Nehmen wir einmal an, ihr habt Kopfweh, könntet ihr genau beschreiben, wie viel Schmerzen ihr empfindet? Wenn das unmöglich ist, wie sollte es dann möglich sein, Gotteserfahrung in Worten wieder zu geben.

Die Schöpfung

282

Kinder, aufgrund des Ur-Entschlusses erhoben sich in Brahman Schwingungen. Daraus entstanden die drei Gunas (Eigenschaften) Sattva, (gut sein, Reinheit, Klarheit) Rajas (Aktivität, Leidenschaft, Antriebskraft) und Tamas (Dunkelheit, Trägheit, Unwissenheit). Diese drei werden durch die Dreiheit Brahma, Vishnu und Siva dargestellt. Sie sind in uns enthalten. Was wir im Universum wahrnehmen, existiert in uns.

283

Auf der relativen Ebene ist Atman sowohl Jivatma (individuelle Seele) und Paramatma (höchste Seele). Die individuelle Seele genießt die Früchte der Handlungen (Karma). Paramatma ist das nicht handelnde Zeugen-Bewusstsein. Es ist völlig ohne jede Aktivität.

284

Nur durch Maya gibt es für uns einen Gott. Wenn wir durch ständige spirituelle Praxis Maya transzendieren, gelangen wir in den Brahman-Zustand. Dort existiert nicht die geringste Spur Maya.

285

Kinder, 'mitya' bedeutet nicht existenzlos, sondern stete Wandlung. Nehmen wir an, wir haben zunächst Bohnen. Daraus stellen wir ein Gericht her, das aus diesen Bohnen sowie Gewürzen besteht und in Öl frittiert wird (Vada). Die Substanz (die Bohnen) bleibt trotz der äußeren Änderungen erhalten.

286

Genießen wir nicht die Schönheit des Meeres, wie schmutzig die Küste auch sein mag? Die Aufmerksamkeit liegt nicht beim Abfall.

Ebenso werden wir nicht in Maya verwickelt, wenn wir uns auf Gott konzentrieren.

287

Vielleicht betrachten wir eine Nadel als unbedeutend und sagen, sie sei billig. Der Wert eines Gegenstandes hängt jedoch nicht von Preis, sondern von der Nützlichkeit ab. Amma kann eine Nadel nicht als geringfügig betrachten. Um welchen Gegenstand es sich auch handelt – es sollte stets der Nutzen und nicht der Preis in Betracht gezogen werden. Betrachten wir die Dinge auf diese Weise, dann ist nichts bedeutungslos.

288

Es gibt Leute, die behaupten, die Schöpfung habe niemals stattgefunden. Im Schlaf wissen wir von nichts. Während dieser Zeit gibt es weder heute noch morgen, weder Körper, ich oder du, noch Frau, Sohn, usw. Dieses

Beispiel zeigt, dass Brahman immer noch als Brahman existiert. Vielleicht erhebt sich die Frage: „Existiert da nicht ein Individuum, das den Schlaf genießt und beim Erwachen sagt: 'Ich habe gut geschlafen'?" Die Aussage, dass wir gut geschlafen haben, beruht auf der Befriedigung und dem Wohlgefühl, dass der Körper aus dem Schlaf schöpft, nicht aber aufgrund des Vorhandenseins eines Ich-Gefühls. Die Vorstellung von „ich" und „mein" ist die Ursache aller Probleme.

Rationalismus

289

Kinder, ist es berechtigt zu sagen, Gotteshäuser seien unnötig, aufgrund der Streitigkeiten, die religiöse Dogmatiker vom Zaun brechen? Würden diese Leute wegen der Fehler einiger Ärzte die Abschaffung von Ärzten und Krankenhäusern fordern? Natürlich nicht. Die religiösen Konflikte müssen aus der Welt geschafft werden, nicht die Gott geweihten Tempel.

290

In alten Zeiten verfügten die Rationalisten über Menschenliebe. Wie aber sieht es mit den Rationalisten von heute aus? Sie spielen sich als Rationalisten auf, um ihr Ego aufzublasen und werden für andere zu Störenfrieden. Der echte Rationalist ist seinen Überzeugungen treu und setzt für andere sogar sein eigenes Leben ein.

Vor so jemandem verneigt sich Gott. Wie viele solcher Menschen gibt es heutzutage?

291

Wenn ein Gläubiger Hingabe und Ehrfurcht entwickelt, werden auch Eigenschaften wie Liebe, Wahrhaftigkeit, Mitgefühl, Rechtschaffenheit und Gerechtigkeit in ihm wachsen. Wer mit ihm zu tun hat, wird Trost und Frieden empfangen. Das ist der wirkliche Nutzen, den die Welt von einem Gläubigen empfängt. Die heutigen Rationalisten hingegen halten sich an zwei oder drei Parolen aus ein paar Büchern und schaffen Probleme. Sie haben sich nicht einmal mit den Schriften oder etwas anderem eingehend befasst. Deshalb sagt Amma, dass der Rationalismus von heute lediglich den Weg für den Niedergang der Gesellschaft bereitet.

Natur

292

Kinder, die Natur ist wie ein Buch; man kann viel von ihr lernen. Jeder einzelne Bestandteil der Natur entspricht einer Seite.

293

Die Gnade der Natur richtet sich nach den Handlungen der Menschen.

294

Sadhaks nutzen die Energie der Natur zur Meditation, zur Ernährung und für viele andere Zwecke. Mindestens zehn Prozent der Energie und anderer Reichtümer der Natur, die wir verbrauchen, sollten wir anderen Menschen zukommen lassen. Welchen Nutzen hat das Leben eines Sadhaks, wenn dieser nichts für andere tut?

Kinder, merkt euch Folgendes

295

Kinder, wir sollten keine Abneigung gegenüber unmoralischen Menschen empfinden. Unsere Missbilligung sollte auf ihre Taten gerichtet werden und nicht auf die Menschen selbst.

296

Kinder, esst, um zu leben; schlaft, um zu erwachen.

297

Meine Kinder, Selbstverwirklichung ist das Lebensziel. Strebt danach. Erst nachdem wir eine Wunde vollständig von aller Verschmutzung gereinigt haben, tragen wir Medizin auf. Ansonsten würde sie sich entzünden und nicht heilen. In ähnlicher Weise sollte das Ego mit Hingabe weggewaschen und Erkenntnisse angewendet werden. Nur dann werden wir innerlich weit.

298

Wir gingen aus Gott hervor. Eine schwache Ahnung davon tragen wir in uns. Dies sollte zu vollständigem Bewusstsein erwachen.

299

Aus schmutzigem Kompost wachsen Pflanzen mit schönen, duftenden Blumen. In der gleichen Weise erwächst aus den Prüfungen und Härten des Lebens die Stärke, die zu Größe erblüht.

300

Um uns herum leben viele Menschen, die obdachlos, ohne ausreichende Kleidung, Nahrung und medizinische Versorgung ihr Leben fristen. Von dem Geld, das eine Person in einem Jahr fürs Rauchen ausgibt, lässt sich für einen Armen ein kleines Haus bauen. Wenn wir den Armen gegenüber mitfühlend werden, schwindet unsere Selbstsucht. Durch

Mitgefühl für Arme verliert sich unser Egoismus. Wir brauchen auf nichts zu verzichten, im Gegenteil, die Beglückung anderer macht uns zufrieden. Durch das Aufgeben unserer Selbstsucht werden wir fähig, Gottes Gnade zu empfangen.

301

Kinder, nur wer studiert hat, kann unterrichten. Nur wer hat, kann geben. Nur wer völlig leidfrei ist, kann andere vollständig davon befreien.

302

Jeder Ort verfügt über ein Herzzentrum. Das volle Maß an Energie sammelt sich dort. Indien ist das Herz der Welt. Das Sanatana Dharma (die ewige Religion), das hier seinen Ursprung hat, ist die Quelle aller anderen Wege. Schon allein das Hören des Wortes „Bharatam" (alte Bezeichnung für Indien), vermittelt ein Gefühl von Frieden und Licht. Der Grund dafür ist, dass Indien das Land der Weisen ist. Sie sind es, die nicht nur Indien, sondern der ganzen Welt die Lebenskraft zukommen lassen.

303

Das göttliche Bewusstsein durchdringt die Frische einer Brise, die Unermesslichkeit des Himmels, die Schönheit des Vollmondes, alle Wesen und alle Dinge. Diese Erkenntnis zu verwirklichen, ist das Ziel menschlichen Lebens. In diesem Kali Yuga begibt sich eine Gruppe junger Menschen in die Welt hinaus. Sie opfern alles, um die spirituelle Herrlichkeit überall zu verbreiten.

304

Meine Kinder, blickt zum Himmel hinauf. Seid so wie er – von unendlicher Weite, friedlich und allumfassend.

Glossar

Advaita: Philosophie der Nicht-Dualität (Zweiheit)

Akhanda-Satchitananda: Ungeteiltes Sein-Gewahrsein-Glückseligkeit

Asana: Yogastellung; Sitzhaltung für die Meditation

Atman: das (höhere) Selbst

Bhajan: hingebungsvoller (religiöser) Gesang

Bhakti: Liebe zu Gott, Hingabe

Bhakti Yoga: Yogaweg der Liebe und Hingabe

Bhavana: Stimmung, Haltung

Bhava Roga: Krankheit des Werdens und Vergehens – von Geburt und Tod

Bhaya Bhakti: Hingabe, die von Gottesfurcht und Ehrerbietung gekennzeichnet ist.

Bijaksharas: Keim- oder Ursilben von Mantren, z.B. hrim, klim, aim

Brahma: Schöpfergott

Brahman: das Absolute

Brahmacharya: Erziehung zu Disziplin und Selbstbeherrschung, Zölibat

Brahma Sutras: Die Vedanta-Philosophie in Aphorismen. Urheber: der Weise Badarayana.

Darshan: Anblick oder Begegnung mit einem Heiligen oder Gott

Devata: untergeordnete Götter (weiblich und männlich)

Devi: Göttliche Mutter

Dhyana: Meditation

Diksha: Einweihung

Guna: Eigenschaft, Attribut (siehe Tamas, Rajas)

Guru: spiritueller Meister oder Lehrer

Homas und Yagas: Vedische Opferfeuer

Ishta Devata: die bevorzugte, bzw. gewählte Gottheit

Isvara: Gott, Herr

Janman:Geburt oder Lebensspanne

184

Japa: Wiederholung eines Mantras oder eines der Namen Gottes

Jiva: individuelle Seele

Jivanmukta: befreite Seele

Jivanmukti: Befreiung der Seele zu Lebzeiten

Jivtatma: individuelles Selbst

Jnana: Wissen (über das Selbst), Weisheit, Selbsterkenntnis

Jnana Yoga: Yogapfad des Wissens, bzw. der Weisheit durch Selbsterkenntnis

Kaliyuga: gegenwärtiges dunkles Zeitalter des Materialismus

Karma: Handlung

Karma Yoga: Yogapfad der Handlungen ohne Anhaftung

Kumbhaka: Anhalten des Atems bei Prana-yama-Übungen

Lakshya Bodha: Ausrichtung auf das Ziel der Gottverwirklichung, Zielbewusstsein

Mahatma: große Seele (wörtlich), auch (selbst- oder gott)verwirklichtes Wesen

Mahesvara: Siva, (wörtlich): der große Herr

Mala: Rosenkranz, Kette aus 108 Perlen, die für Japa benützt wird

Mantra: heilige oder mystische Formel oder Wortkombination, durch deren Wiederholung spirituelle Kraft und Reinheit vermittelt

Maya: kosmische Illusion, bzw. Täuschung

Mitya: sich fortwährend wandelnd, nicht ewig

Nirvikalpa Samadhi: Zustand des Einsseins mit dem Absoluten

Nitya: ewig

Ojas: sublimierte Lebenskraft

Paramatma: das höchste Selbst

Prana: Lebenskraft

Pranayama: Atemübungen, zur Beherrschung von Prana

Rajas: 'Guna' der Aktivität

Rishi: Seher alter Zeiten

Sad-Guru: Verwirklichter Meister

Sadhak: spiritueller Aspirant

Sadhana: spirituelle Praktiken

Sahaja Samadhi: natürliches Verweilen im Selbst

Sahasranamam: die 1000 Namen Gottes

Samsara: Zyklus von Geburt, Tod und Wiedergeburt

Samskara: latente innere Neigungen

Sanatana Dharma: die Ewige Religion der Veden

Sankalpa: Entschluss

Sannyasi: Entsagender

Satchitananda: reines Sein-Bewusstsein-Glückseligkeit

Satsang: heiliges Zusammensein oder heilige Gegenwart

Sattvisch: 'Guna' der Reinheit und Klarheit

Shavasana: Yogastellung bei der man auf dem Rücken liegt – sogenannte Totenstellung

Shakti: Urkraft des Universums, die mit dem weiblichen Aspekt Gottes assoziiert wird

Siddha Oushada: vollkommenes Heilmittel

Saundarya Lahari: Ein hervorragendes Bhakti-Werk auf Sanskrit von Sankaracharya, das die göttliche Mutter verherrlicht.

Sraddha: Glaube und Aufmerksamkeit, Sorgfalt

Srimad Bhagavatam: Heilige Schrift über Leben, Taten und Lehren Sri Krishnas

Tamas: 'Guna' der Trägheit

Tapas: Enthaltsamkeit, Buße

Upadesa: Rat oder Unterweisung

Vasanas: angeborene Neigungen, die im Laufe dieser und früherer Geburten angesammelt wurden, z. B. Ärger, Lust, Gier, Eifersucht, usw.

Vishnu: Gott des Erhaltens, Bewahrens

www.ingramcontent.com/pod-product-compliance
Lightning Source LLC
LaVergne TN
LVHW051735080426
835511LV00018B/3082